実況｜近代建築史講義

LIVE LECTURE:
HISTORY OF MODERN ARCHITECTURE

中谷礼仁

Norihito Nakatani

インスクリプト

歴史とは何か、近代とは何か

≫歴史とは何か

　講義を始めるにあたって、ひとつ大切なことを申し上げておきます。残念ながら私の講義では流れるような通史をお伝えすることはしません。それよりも、各時代のピークを表すような、問題提起的、あるいは象徴的な建造物とその背景をトピックとして説明していきます。点としての優れた建築的事象を、空間に置いていくようにお伝えします。

　するとその点と点とがつながり、意味が生まれ、さらに点が増えると平面が出来、時には立体にもなる。その空間は次第に新しい事象を配置できる場になっていきます。それは建築の星座をつくることであり、私はそのためのガイドとなる基準点、ようはいくつかの印象的な点と粗い座標軸を提供しようとしています。

　また、これも重要なことですが、歴史とは「少なくとも2つ以上の事象の間に発生する、想像的な時空のこと」です。誰しも考えればわかることですが、はるか昔からまったく同じ立場で歴史を紡いできた書記官がいるわけではありません。今後ともそんな職業は絶対に登場しないでしょう。なぜなら、たとえ何か物語る事柄があったとしても、その解釈や意味づけは人や時代によって大きく異なるからです。歴史の教科書に掲載されるのは、あまたの解釈から紡ぎ出された暫定的なものです。

　むしろ、こう言ったほうがいいでしょう。過去がわからないからこそ、歴史という学問が成立するのです。そのときに重要なのは、むしろ想像的な時空を誘発する事柄であり、またそれによって出来上がる時空をさらに精緻に、納得いくものにする新しい事柄の発見とその配置の連続作業なのです。

　もしこの講義で歴史に興味が生まれれば、新しい星を探すように、皆さんがそれぞれカスタマイズさせながら、新しい星座を描いて、ゆくゆくは世に問いかけてみてほしいと思っています。

≫近代建築史をどう捉えるか

　これから始まるこの「近代建築史（History of Modern Architecture）」の講義は、従来の近代建築史の講義と、おそらく時代区分が大きく異なっています。西洋では、〈近

代〈modern〉にあたる本来の時代区分は〈ルネサンス〉から始まっています。そこで、この講義ではそれを踏襲しようと思います。なぜなら、その区切りで見なければ、20世紀以降の〈モダニズム（modernism）〉★1の本質をうまく捉えることはできないというのが、私の考えだからです。

　プレーンなものをつくり上げたいというモダニズムの欲望は、むしろそれ以前の歴史のなかから現れてきているのです。それゆえ、両者にまずは連続性をもたせてから、現代までの建築のもつ意味を考えていきたいのです。

　本講義は大きく3部に分かれています。

　第1部と第2部は西洋近代が舞台です。様式建築の発祥となったルネサンス★2から産業革命までを第1部、続く第2部では20世紀に確立したモダニズム建築の誕生と発展を概観します。

　第3部は日本を舞台として扱います。一般的な「日本建築史」の講義では、江戸時代までを中心に、明治時代以降の「日本近代」（本書ではこの時代をあえて「近代日本」と表現しています）、特に第二次世界大戦後の状況はおおむね概説で終わることが多いと思います。しかし本講義ではなるべく現代に直接つながる文脈も扱うつもりです。

　江戸時代の鎖国下、世界から押し寄せる近代化の波に対応したかのような、実に興味深い事象や建築事例がたくさんありました。それらの紹介に始まり、明治から昭和の建築ならびにそれらをデザインした建築家たちに、どのような課題が与えられていたのか、そしてどのような作品が生まれたかを紹介します。例えば日本の現代建築は世界的に非常に高く評価されています。それはなぜでしょうか？　その評価の構造も見えてくるでしょう。これらによって近代建築の広がりと、その課題を理解することを目的としています。

★1　モダニズム＝近代主義。単なる時代区分ではなく、近代的生産に追従した世界を進めようとした特有の思想・文化のこと。
★2　様式とは、ある特定の時代や地域やグループや個人などに顕著な特徴を再生産のために再構築したモードである。様式によって異なる時代や地域に顕著な特徴が再現可能になる。ルネサンス建築とはギリシア・ローマ建築の様式化であったと言ってよい。

目次

III 近代＋日本＋建築

[**付録**] 実況・近代建築史講義年表

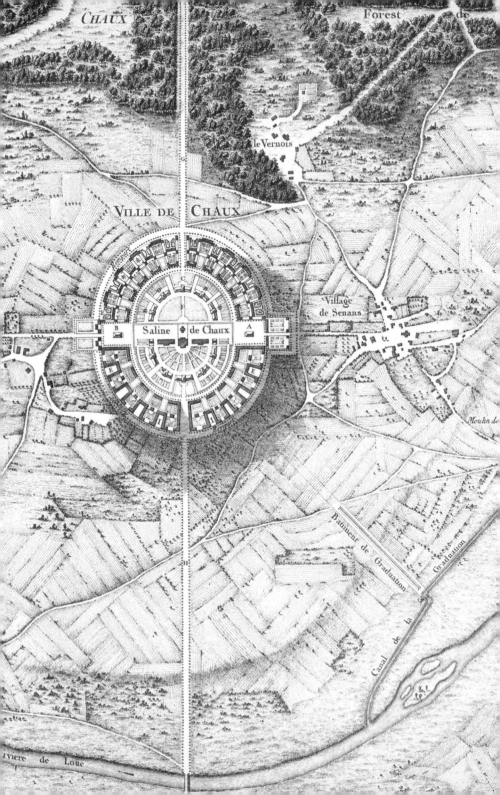

CHAUX

Forest de

le Vernois

VILLE DE CHAUX

Village
de Senans

C

F

B   A

Saline   de Chaux

Moulin de

Batiment de Graduation

Graduation

Canal de la

Riviere de Loüe

I

西洋近代
ルネサンスから産業革命へ

第 1 回

時間の宙づりとルネサンス

≫ルネサンスとは

　さて、本日は西洋建築史でも習う、〈ルネサンス〉を別の観点から扱います。

　ルネサンスは西暦1400年代（クワトロチェント）のイタリアから始まりました。ルネサンスの語源はイタリア語の「リナーシタ（rinascita）」で、「再生」という意味です。

　では、何が再生したのでしょうか。それは、〈ギリシア・ローマ〉建築です。ヨーロッパ中世で発達したキリスト教世界では、特にギリシアを起源とする古代文明の建築は、異教的なものとして認識されていました。それを再びヨーロッパ世界の源流に位置づけることで、〈古典〉としてのギリシア・ローマと当時の〈モダン〉がつながりました。そのなかでギリシア・ローマの文化が再生したわけです。ルネサンスによって、ギリシア・ローマを規範とする〈古典主義〉が始まります。

　しかし、再生は本当に可能なのでしょうか。というのも、過去が蘇る、ひいては死んだ人が生き返るということは普通はありえないからです。時間は常に不可逆ですから、後戻りはできません。するとその再生は、過去が本当に生き返ったのではなく、過去の建築が抽象化され、再現可能な形式に転化されることによって、初めて可能になったということになります。

　このような作業を可能にしたのが〈様式（style）〉という考え方の発達です。この、物事をスタイルとして捉える概念が生じた背景には、中世末期における都市間の交通の発達と、それに伴う芸術家たちの移動がありました。彼らが、その地方特有の絵の描き方＝スタイルがあることを理解し、それを習得し、制作の依頼に応えるという状態ですね★1。すると、建築においても様式として比較するという見方が備わりました。このときに、中世までのとにかく高さを追求していくゴシック教会に見られるような建築の自然的成長史は終わったのです。

　では、自然的な建築の成長がなくなり、様式として把握されるとはどういうことなのでしょうか。それは建築が様式として取捨選択可能になったということです。このような形式的抽象化があったからこそ、ギリシア・ローマ的なものがルネサンス（再生）したわけで

fig.1　フィリッポ・ブルネレスキ《サンタ・マリア・デル・フィオーレ大聖堂》（1436）　Amada44（CC BY 3.0）

す。それによって、「ここはスペイン・ゴシック風、いやイタリアン・ロマネスク風のアーチをつけて……」などという思考回路が生まれました。その意味でルネサンス以降の建築史は、中世までが自然的成長史であるのに比して、人為的な操作の歴史であるとも言えるでしょう。これは私たちと建築との間に、より疎遠さが加わったということでもあります。近代の建築表現の前提となる特徴とは、この疎遠さです。これは中世までの流れとはまったく違う段階なのだと思います。

　建築は人為的な〈モード（流行）〉になりました。流行が生じ、ある時期になると飽きられ、次の様式が出現する、という事態が反復されます。その最初が過去を形式的に蘇らせたルネサンスだったわけです。ルネサンス以降の建築は、それゆえに、問題の発見による新様式の誕生から始まり、それが飽きられ疲弊していき、その飽和状態から次の新しい問題が現れるというサイクルから逃れ出ることはありません。「問題の発見」→「解決」→「疲弊」→「新しい問題の発見」というサイクルが生まれたのです。

　その意味で様式は繰り返されます。私たちが様式概念を獲得してしまって以来、自然な時間の流れは息絶え、形式的世界を往還するような宙づりの時間が始まりました。ルネサンス以降現在までは、そのような意味で「時間が宙づりにされた状態」であると言えるのではないでしょうか。

　様式を探る建築史学がそれに加担したのは皮肉なことです。問題の解決のために過去が再利用・反復され、いわば時間がねじれた状態になっていました。ルネサンス後期の建築家たちは面白いことにこれに気づき、彼らはルネサンス的技法をさらに転用しはじめます。第1回はここまでをお話ししたいと思います。

≫2つのルネサンス

この「近代建築史」講義の前に行っている「西洋建築史」の講義では、その最終回に《サンタ・マリア・デル・フィオーレ大聖堂》（1436）[**fig.1**]のクーポラ（ドーム）をはじめとして、ルネサンスの立役者であるフィリッポ・ブルネレスキ（Filippo Brunelleschi, 1377-1446）のフィレンツェに残存するいくつかの作品とその意義を紹介しています。なかでも重要なのは、整然としたオーダー（後述）をもつ《サン・ロレンツォ聖堂》（1425?起工）[**fig.2,3**]です。これまでフィレンツェに行って、実際にブルネレスキの作品を見学された学生の方はいますか？

──（3名ほど手を挙げる）

この《サン・ロレンツォ聖堂》の横に《ラウレンツィアーナ図書館》（1523-1552）という建物が併設されているのですが、それも見ましたか？

──学生：時間がなかったので行きませんでした。

それは大変残念なことをしました。《サン・ロレンツォ聖堂》はブルネレスキの設計した部分に、この《図書館》や《メディチ家礼拝堂》（1521-1534）が付加されています。実はこの部分は、天才彫刻家であり建築家でもあったミケランジェロ（Michelangelo Buonarroti, 1475-1564）によるものなのです。ミケランジェロがこの建造物に大きくかかわっていたのは1525年くらいまでですから、ちょうどブルネレスキ担当部分の1世紀

fig.2 《サン・ロレンツォ聖堂》（1425?起工）内部
著者撮影

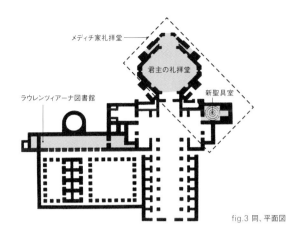

メディチ家礼拝堂

君主の礼拝堂

ラウレンツィアーナ図書館

新聖具室

fig.3 同、平面図

後です。ブルネレスキによるルネサンス初期、ミケランジェロによるその後期の傑作を同時に見ることができる、なんとも贅沢な建物だったのです。今度訪問する際は、是非両方を見てください。

　では、まずはブルネレスキについて振り返りましょう。彼の設計における秩序ある比例の使用は平面に活かされていますが、同時に高さも大切な点です。比例を考える限り、平面と立面が互いに調和的な関係で検討される必要があるからです。ルネサンス以前のゴシック後期では、各都市の興隆によって都市間での高さ競争がありました。現在の高層ビルの建設ラッシュと似たような心情かもしれません。しかし、そこに際限がないことに皆が薄々気づきはじめました。そうしたとき、ブルネレスキの主張した幾何学的比例による高さの決定方法は、その際限なき競争から抜け出すことのできる光明と映ったに違いありません。

　さらに同じルネサンスの黎明期、1415年（1414年という説も）に《セント・ガル（ザンクト・ガレン）大聖堂》の附属図書館でウィトルウィウス（Marcus Vitruvius Pollio, BC.80頃-BC.15以降）の『建築書（De Architectura）』★Bが発見されます。ローマ時代に著されたギリシア・ローマ建築についての書籍で現存する本格的な建築書がこれ1冊だけなんて、まさにウンベルト・エーコ（Umberto Eco, 1932-2016）の小説『薔薇の名前』（1980）★Cのような話です。

　さて、この書はまさにルネサンスが花開いていた1486年に、ローマで刊行されました。ここでは建物各部の比例関係が言葉によって綴られているのですが、それらを図解した教科書がさまざまな人物によってつくられています。この比例関係をまとめた図を〈オー

ダー〉★²と言います。「定番」というくらいの意味でしょうか。それらは微妙に異なっていましたが、次第にルネサンス以降のギリシア・ローマを基本とした建築の教科書として唯一無二の地位を築いていきました。ウィトルウィウスの『建築書』が発見されることで、遠く離れていたギリシア・ローマ建築が再解釈され、ヨーロッパ人たちの遺産とされたわけです。

　彼は、ゴシックが飽和したなかで、人間がつくるべき理想の形とは何であるかということを考えていたに違いありません。そんなカオスのなかで、いかに高さと広さを決定するかという問題に解を与えるべく登場したのが、ウィトルウィウス的な考え方を基盤とした幾何学でした。適切な割りつけで安定した世界をつくり出したのがルネサンスの調和的作業だったとも言えるでしょう。

≫ブルネレスキが発明した遠近法

　ブルネレスキは《サンタ・マリア・デル・フィオーレ大聖堂》における足場なしの建設方法など、発明にも長けていました。建築以外に大きく広まった彼の発明物として〈遠近

fig.4　ピエトロ・カヴァリーニ《受胎告知》(1291頃)
中世における受胎告知の表現。平面的に描かれている

fig.5　フラ・アンジェリコ《受胎告知》(1437-1446頃)
ルネサンスの受胎告知の表現。奥行きが感じられる

fig.6　フィリッポ・ブルネレスキ《捨子保育院》
(1419-1426) 著者撮影

法〈透視図法〉が挙げられます。彼は建築を含めたあらゆる風景の輪郭が、すべて地平線上の一点に集約されることに気づきました。

　遠近法とは、2次元平面のなかにその「集約点」＝「消失点（vanishing point）」を仮定し、それに基づいて3次元的な空間を論理的に描く方法です。遠近法の絵画を見ると、その絵画のなかの風景と自分が立っている位置とが常に関係づけられていることに気がつきます。

　遠近法を用いていない中世の絵は、絵（2次元）でしかなく、自分との位置関係という問題自体が生じません。しかし遠近法を用いた絵は、実際の風景の一部であるかのように感じられ、そのなかの「自分」の場所を発見します。これは中世とルネサンスの絵を見比べればよくわかります。

　中世の受胎告知の絵を見てみましょう [fig.4]。ここでは物語のみが描かれています。それがルネサンスになると、受胎を告知されたまさにその場面に居合わせたかのような臨場感があります [fig.5]。そう言えばこの場所、ブルネレスキの実質的デビュー作である《捨子保育院》（1419起工）の中庭にそっくりだと思いませんか [fig.6]。

　以上のように、ブルネレスキの行いは当時の革新的な技術にかかわっていますが、特に遠近法は、当時の人々の空間認識を一変させるほどの基礎的な技術であったことがわかります。現在のコンピュータゲームの画面でさえ、この遠近法的な描き方からなかなか抜け出ることはできません。

》遠近法の展開

　こうしてブルネレスキ以降、遠近法などによって世界を正確に2次元の上に描こうとする傾向が高まりました。

　しかし、ここで奇妙なことに気がつきます。そもそも2次元の上に3次元の空間を完全に再現できるはずはないのですから、遠近法とは科学的な幻術と言えるのではないかという問題です。このカラクリに気づいた人は鋭かったと思います。その結果、遠近法は脱構築され、むしろイリュージョンとして展開されていきます。3次元を2次元に落とし込む技法が、2次元的平板さで偽りの奥行きを3次元的につくるという複雑化の過程を追っていくのです。最も代表的な当時の設計物は、ドナト・ブラマンテ（Donato Bramante, 1444頃 -1514）による《サンタ・マリア・プレッソ・サン・サティーロ聖堂》（1482-1486頃）です。

　この聖堂のアプス（祭壇）[fig.7] の奥行きは実際何メートルあるでしょうか？ はじめに

fig.7 ドナト・ブラマンテ
《サンタ・マリア・プレッソ・サン・サティーロ聖堂》
(1482-1486頃) アプス
Geobia (CC BY-SA 4.0)

断っておきますが、これは騙し絵的な効果を用いており、実際の奥行きより実は浅いのです。そこの学生の方、実際の奥行きはどのくらいだと思いますか?

——学生：**10メートルくらいだと思います。（教室から異議のざわめき）**

　教室がざわついているので、皆さんはもう少し短いと思っているようですね。では大きく浅くして5メートルくらいでどうでしょうか。

——**（教室がほぼ異議なしの状態に戻る）**

　わかりました。それでは5メートルくらいと考えておきましょう。しかし、実際は1メートルもない壁龕なのです [**fig.8**]。

——**（教室全体がどよめく）**

　ブラマンテすごいですね。建築学科の学生すらここまで欺くとは。もう少し補足すると、

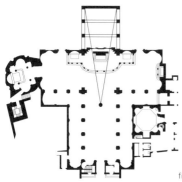

fig.8 同、見せかけの空間の図解

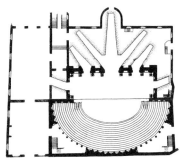

fig.9 アンドレア・パッラーディオ《テアトロ・オリンピコ》(1585)
Geobia (CC BY-SA 4.0)

fig.10 同、平面図

この騙し絵的効果は、あるひとつの視点でのみ正常に働きます。ということは、ほかの視点ではこの効果は奇妙な視覚上のズレを生んでいるわけです。つまり、この聖堂の擬似遠近空間はまさに騙し絵的空間としてネタバレ前提で公開されているわけです。これらは正しい問題解決のために提案された遠近法が他の未知のものに転用されていく過程です。

　この流れはのちに、《テアトロ・オリンピコ》(1585) [**fig.9,10**] やバチカン宮殿の《スカラ・レジア》(1666) に展開していきますが、特にそのなかで、ルネサンスに引導を渡したのが冒頭に紹介した《ラウレンツィアーナ図書館》です。

　《ラウレンツィアーナ図書館》に、ルネサンスの崩壊を見てみましょう。図書館に至る途中にロビーのような空間があって、その内部にはたくさんの柱や窓が取りつけられています。しかしよく見ると、その柱は地面に届いておらず、浮いています [**fig.11**]。その結

fig.11 《ラウレンツィアーナ図書館》へ向かうロビー
取りつけられた柱や窓は地面に接地せずに浮いている

fig.12 《メディチ家礼拝堂》(1521-1534) ジュリアーノ・デ・メディチの霊廟「昼」(右)と「夜」(左)

果、柱を通してその重量を大地に伝えるはずの窓のモチーフもすべて宙づりにされていることになります。また、階段は流れるような有機的デザインで、ブルネレスキの時代ではまったく考えられなかった造形です。

　さて次に、《サン・ロレンツォ聖堂》の後陣に設けられた《メディチ家礼拝堂》に目を転じましょう。1527年にメディチ家が追放されるなど、不穏になりつつあるフィレンツェの情勢を敏感に感じ取ったかのように計画された「新聖具室」は大変興味深いものです。礼拝堂に付属して追加されています。

　意図的にブルネレスキがつくった頃の聖具室とまったく同じ平面形状を再現しているにもかかわらず、雰囲気はまったく違います。新聖具室でのミケランジェロの彫刻のテー

マはずばり「倦怠」です。ジュリアーノ・デ・メディチの霊廟にある彫像を見てみると、知識の神様をかたどったものでありながら、だるそうな雰囲気をもっています［**fig.12**］。この霊廟には「昼」と「夜」と名づけられた一対が、向かいのロレンツォ・ディ・ピエロ・デ・メディチの霊廟には「曙」と「夕暮」と名づけられた一対の身体彫刻が横たえられています。その対比的なタイトルも示唆的なのですが、その細部を見てさらに驚きます。倦怠をダイレクトに伝える三段腹の彫刻です。ルネサンス自体の虚飾をさらけ出し、それに飽きたと訴えているかのようです。ミケランジェロの意地の悪さが表れているようにも感じます。

　その後、彼はフィレンツェからローマに移ります。彼の作品である《カンピドリオ広場》（1536頃設計）では、ルネサンスにおける正面性はまったくなくなり、楕円という新しい形体を用い、さまざまな配置方法が試されていることがわかります。建築のルネサンスがブルネレスキに始まりミケランジェロで終わるまで約1世紀でした。この変遷で明確に見えてきたものが、最初に述べた、「問題の発見」→「解決」→「疲弊」→「新しい問題の発見」というサイクルです。以降どのような問題解決と疲弊が生じたのか、その様子が次回の〈マニエリスム〉と〈バロック〉につながっていきます。

★1　「様式」（佐々木健一『美学辞典』★A）参照。
★2　オーダーとは、ギリシア・ローマ時代の建築における円柱と梁（エンタブラチュア）の構成形式や、各部と建築全体との
　　比率体系を指す。古代ギリシア時代にはドリス式、イオニア式、コリント式の3種類、ローマ時代にはトスカナ式、コンポ
　　ジット式を加えた5種類が用いられた。

参考文献・資料
★A　佐々木健一『美学辞典』（東京大学出版会、1995）
★B　ウィトルーウィウス『ウィトルーウィウス建築書』（森田慶一訳、東海大学出版会、1979）
★C　ウンベルト・エーコ『薔薇の名前』（河島英昭訳、東京創元社、1990［原著 *Il Nome della Rosa*, 1980］）
　　映画：『薔薇の名前（Le Nom de la Rose）』（ジャン=ジャック・アノー監督、1986）
★D　日本建築学会『西洋建築史図集』（彰国社、1981）
★E　磯崎新、篠山紀信ほか『磯崎新＋篠山紀信 建築行脚7　メディチ家の華 サン・ロレンツォ聖堂』（六耀社、1992）
★F　『カラー版 西洋建築様式史』（美術出版社、1995）

第 2 回

マ ニ エ リ ス ム か ら バ ロ ッ ク へ

　前回の講義をおさらいしつつ、今回のテーマにつなげていきましょう。

　この講義のイントロダクションで、近代建築史を語るためには、バウハウスや産業革命の時代からではなく、〈ルネサンス〉にまでさかのぼる必要があるとお伝えしました。人々は、中世末期に〈様式〉という芸術の再現形式を編み出します。様式によって過去の形や地域性が再現され、ルネサンスでは〈ギリシア・ローマ〉の建築を蘇らせることができました。

　しかしその反面、もはや建築の自然的成長は失われてしまいます。そして衣服と同じように建築の〈モード〉が生まれることになりました。ルネサンス以降は、ほぼ1世紀の間隔で新しいテーマの「発見」が繰り返されます。その裏には、当然その前に主流であったテーマに対する「倦怠」が裏打ちされているはずです。ルネサンス以降の動きは様式としての建築のあり方をもとにしながらも、さらに急激に変化していきます。

　それではこの急激な変化は建築自身が率先したテーマによって生じたのでしょうか?

　私が早稲田大学で建築史を習った先生は、「建築が社会を変える側面もある」と言いました。であれば、そのときの建築は社会に先んじるものであり、そのテーマは先見性をもつはずです。しかし、建築に常にヒロイックなことばかりを求めることはできません。またその先生の先生は逆に、「社会が建築を規定する」と言いました。彼はむしろ、建築の芸術的側面がどのようにして生じるのかということに興味をもっていたそうです。つまり、私の2人の先生は相補的な立場にいたわけです。

　私の場合、建築とは社会の変化に合わせて、己のテーマや表現形式を変えてきた、そんな社会追従型の芸術として捉えています。一般に建築は遅い芸術です。とはいえ、もし、ある建築が追従しようとした「社会」が少数の人しか知らない「未知の社会像」だったとしたら、建築は現実の社会に対して一歩先んじて社会を実現したとも言えるでしょう。建築の急激な変化の陰には、このような来たるべき社会との投影関係があるように思います。

　さて、ここからが本題です。今回のテーマは「マニエリスムからバロックへ」です。い

ずれの言葉もどこかで聞いたことはあるかと思います。特に〈バロック〉は何度かに分けて講義をしてもよいほど重要なのですが、ルネサンスの次の動きとして、〈マニエリスム〉と〈バロック〉とを連続して語るとわかりやすいので、そのエッセンスを紹介したいと思います。

　今日の話は3つです。ひとつ目は「アンチ・ルネサンス」としてのマニエリスム、2つ目はバロック様式、今回の主役です。そして3つ目は、建築の急激な様式的変化の背後にあった先進的な空間像としての〈ケプラーの法則〉を紹介します。私は天文学や数学が専門ではありませんので詳細な解説はできませんが、おそらく皆さんの新鮮な頭のほうが深く理解できると思います。興味がわいたら、自身でさらに考えを進めてみてください。

≫アンチ・ルネサンスとしてのマニエリスム

　まずはマニエリスムについてお話しします。マニエリスムの語源は「maniera＝手法」です。この語源には、当時、建築表現が個人的才覚から生まれると考えられていたことが隠れています。それだけ芸術家による個性的表現が認識されはじめていたわけです。同時にこの言葉が「マンネリ」の語源でもあるように、マニエリスムには「小手先」「奇抜なだけ」といった消極的な評価もつきまといます。

　マニエリスムは、ルネサンス誕生のおよそ1世紀後、16世紀に半世紀ほど続きます。ルネサンスからバロックを生み出す過渡期の表現形式として、イタリアを中心に現れました。マニエリスムが強烈に保持しているのは、ルネサンスという黄金時代に対する、後からやってきた者の反感や違和感です。それは、前回お見せした《ラウレンツィアーナ図書館》のインテリアに表れた表現、ルネサンスの安定した世界像に対する不満、倦怠と根を同じくしています。そこが「アンチ・ルネサンス」の由来であり、結果として、ルネサンスの安定した世界像を崩していこうとする新しい手法の構築が目指されました。マニエリスムの表現には、おおよそ次の4つの特徴があります。

①引用の変形：ブルネレスキのロジカルな過去の引用とは異なり、先行作品の引用の変形を重視
②規範からの逸脱：オーダーなどの典型を逸脱しようとする表現
③形式の崩壊：それらの結果として、形式の崩壊を肯定した表現
④時間の介入：マニエリスムのなかでも重要な建築装置の発明

　私自身もやや抽象的な捉え方しかできずに申しわけないのですが、マニエリスムの特

徴とは、自立した様式と捉えるよりも、先行するルネサンス様式を基本として変形を加えていくものだと考えるとわかりやすいと思います。

これら4つの特徴は、上から順に因果関係がありますが、4番目の「時間の介入」だけ異質です。これについてはのちほど解説します。

▶《パラッツォ・デル・テ》

さて、この時代を代表する建築家としては、ミケランジェロやラファエロ（Raffaello Santi, 1483-1520）、パッラーディオ（Andrea Palladio, 1508-1580）らが著名ですが、マニエリスムの定義を考えるうえでまず紹介すべき建築は、ジュリオ・ロマーノ（Giulio Romano, 1492［1499］-1546）による《パラッツォ・デル・テ》（1535）です。

なお、私の建築史の講義では、建築のセレクションと解説の参考に『西洋建築史図集』★Aをメインに使用します。またそのほかに、建築家の磯崎新（1931-）と写真家の篠山紀信（1940-）が組んだ『建築行脚』シリーズ★B・Cも参照します。これは磯崎による論考、篠山による写真、美術史や建築史の専門家による時系列的な論考、精密な図面で構成された名著です。産業革命より以前の回では、この講義のメインの読本としています。

《パラッツォ・デル・テ》は、当時のイタリア北方の小国であり、名馬の産地であったマントヴァ侯国に建てられました。厩舎をヴィラ（郊外や田舎の別荘）に改造し、のちにパラッツォ（宮殿・都市に建つ大邸宅）に拡大したものです。1526年から35年にわたって建設されました。一連の増築は、当地の君主であるフェディリーコ2世・ゴンザーガ侯の命によるもので、夏の離宮さらには愛人を住まわせる愛の館として、ジュリオ・ロマー

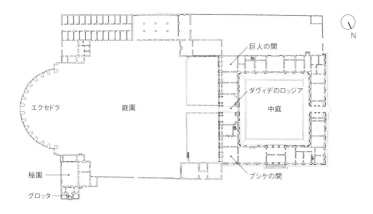

fig.1 ジュリオ・ロマーノ《パラッツォ・デル・テ》（1535）平面図

裂けたペディメント

中身のずれたメダイヨン

入口　　　　　　　　　　　　　　　　　　ずれ落ちたトリグリフ

fig.2　同、入口と細部
撮影：篠山紀信　fig.1,2 出典：『磯崎新＋篠山紀信　建築行脚8』（六耀社、1980）

ノによって設計されました。画業をメインとしていたロマーノは建築設計のみならず本業に近い壁画などでも大活躍しています。まだルネサンスの頃の万能人の風潮が残っていたのでしょう。

　この建物の平面図を見てみましょう [**fig.1**]。ヴィラとして整然とした中庭をもつ正方形に近い宮殿風邸宅です。そして東側に大きな庭園が区画されています。円弧状の列柱群であるエクセドラは18世紀の増築によるものと言われています。一見安定した構成をしていますが、実際の目線では違う印象をもたれると思います。特に建築をかじった者からすれば、その建物の細部は奇妙な、いちいち首をかしげざるをえないものばかりです。

　壁面は付け柱が連続し、その上に桁などの横材を表現したエンタブラチュアが回り、変哲のない屋根が載っています [**fig.2**]。しかし、付け柱の背後の壁面はルスティコと呼ばれる荒々しい粗石積みの表現になっていて、それが窓枠を支えるアーチにまで展開しています。ちなみに「ルスティコ」は「田舎風」というほどの意味にとっておけば結構です。そしてそのアーチを見ると、要であるキーストーンがずれ落ちて、そのせいで上に載った

小さなペディメント（切妻屋根）の頂部が開いてしまっています [**fig.2 右上**]。エンタブラチュアとは柱上の横材を表していますが、通常のオーダーどおり3つに分かれています。下部は、柱を連結する桁を表すアーキトレーブ、中間部はフリーズと言い、そこには梁の端部であるトリグリフが反復して表現されています。上部は垂直面全体を見切るコーニスです。

　しかし、ジュリオ・ロマーノがオーダーを守ったのはその構成だけです。柱と柱の間には額縁装飾であるメダイヨンが付加されていますが、中身がずれてしまっているものが混じっています [**fig.2 右中**]。また、梁の端部を表現したトリグリフが脱落して、下のアーキトレーブごと壁面にめり込んでしまっています [**fig.2 右下**]。石積みに見えるものも含めて、これら細部はすべてスタッコによる造形物で、そのハプニング的な、崩壊しかかったかのような細部はすべて意図的表現です。

　今回、本格的に西洋様式建築の用語を使いながらこの住宅の細部の奇妙な部分を表現しました。つまり、それはこの建物の細部が、専門的な知識に基づいた引用とその逸脱によって成立していることを示しているのです。住宅に囲まれた中庭もジュリオ・ロマーノの計画では複雑な迷路庭園がつくられる予定だったといいます。説明していて、もううんざりしてきました（笑）。

　さて、その中庭から東の庭園部につながるロッジア（開廊）をくぐると、庭園側に開いたヴォールト天井はグロテスク装飾で埋め尽くされています [**fig.3**]。

　グロテスク装飾は、古代ローマを起源としていますが、ジュリオ・ロマーノの師匠であるラファエロが復活させたと言われており、重力を受けていないような妙に細いプロポーション、曲線が多用された人物や植物、動物によって構成されています。

　なぜ古代ローマの装飾が復活したのかというと、長い間地中に埋もれていた地下墓

fig.3 《パラッツォ・デル・テ》
ダヴィデのロッジア
グロテスク装飾で埋め尽くされた天井

所が15世紀になって発見され、そこに描かれていた装飾が模倣されるようになったからです。そんなグロテスク装飾が天井に描かれているということは、何を意味しているのでしょうか? それは、これより先の中庭が異世界であることを示唆しています。

　これが、先のマニエリスムの説明で挙げた「時間の介入」です。私が、マニエリスムで共感できる数少ない発明物です。

　その時間の介入を最もよく確認できるのが、庭園の北東の隅につくられた秘園です。園へ至る扉を開けると小さな中庭があり、その奥に秘園の心臓部があります。その建物の入口は異常な形状をしており、溶けかけたような穴が開いています [**fig.4**]。

　実は、これはグロッタ (洞窟という意味) の入口です。その入口は明らかに凝灰岩を積んで溶岩を模しているので、噴火で街全体が埋もれてしまったポンペイの街に足を踏み入れるのだと思ってもらえばいいでしょう。つまり、ここは埋もれた楽園を掘り起こしたというストーリーになっているのです。先のグロテスク装飾とは、その埋もれた楽園にあった幻の装飾であり、さらに言うと、グロテスクの語源はグロッタです。ここでマニエリストたるジュリオ・ロマーノはルネサンスでは解決しきれない、「埋もれた街」という過去を劇的に現在に蘇らせようとしたのです。ちなみにここの装飾だけはいたって真面目に古代ローマを再現しています。

　住宅内部の装飾も、同じような時間の混濁的表現が展開されています。ギリシアのあられもない狂宴を描いた食事室である「プシケの間」、オリュンポスの神々と戦った巨人族が稲妻によって自らの神殿の下敷きになる地獄を描いた「巨人の間」などです。これはまさに当時の貴族社会を反映し追従した "迷" 建築ではないでしょうか。つまり社会に追従する芸術である建築からすると、その当時の社会は、追従する対象としては飛び抜けた理念をもっていたわけではなかったのかもしれません。

fig.4　同、溶けかけた穴のような
グロッタの入口
fig.3,4 撮影:篠山紀信

≫バロック──歪んだ真珠?

　マニエリスムの時代を経て、徐々に建築は新しいテーマを獲得したらしく、16世紀の後半よりルネサンスとは明らかに異なった様式が現れます。この時代様式を〈バロック〉と呼びます。なお、この時代様式は当時の概念ではなく、その後約1世紀を経て徐々に意識化されていったものですから注意してください。

　バロックの語源と考えられているものはいくつかあります。ラテン語の「baroco」は13世紀に三段論法の方法を記述するためにつくられた造語であり、「barroco」はポルトガル語で歪んだ真珠の形を意味する用語でした。

　さて、ここで『西洋建築史図集』(以下、『図集』)を見ながら、バロック様式の特徴を学生の方々に指摘してもらいます。『図集』ではその様式の優秀な典型例が集められています。誰にだってわかる明瞭な特徴をもっているのが典型なのですから、皆さんが素直な気持ちで指摘すれば、それはそのままバロック様式の特徴となるはずです。バロック建築の事例を集めた数ページをとりあえず眺めてください。ルネサンス様式のページと比較すると、その特徴を述べやすいと思います。

　それでは前列に着席している学生数名に発言してもらいます。

──学生A:(《サン・ピエトロ大聖堂》外観 [『図集』p.63 ❺] を見て) 大規模で複雑です。

　正解です。この大聖堂はバチカン市内にあり、歴代の教皇が居住する最大規模のものです。現在の建築は2代目ですが、1506年から着工し1626年にようやく完成しました。設計者もルネサンス期のブラマンテから始まり、ラファエロ、ジュリオ・ロマーノ、ミケランジェロと、担当者が逝去するたびに著名な建築家に交代していくという総力戦を呈しました。ルネサンス期から設計が始まった建築ですが、ドーム前の有名な楕円形の広場と列柱廊はバロック期の最も有名な建築家であるベルニーニ (Gian Lorenzo Bernini, 1598-1680) が担当しています。この教会はそれらの時代の推移をすべて含んでいるという意味で最重要作です。

──学生B:(《ルーヴル宮》東面外観 [『図集』p.66 ❼] を見て) 正面の柱が大きくなっています。

　いいと思います。これは〈ジャイアント・オーダー〉と説明されるもので複数の階を貫いて巨大な柱を立てています。これによって建築物に迫力が増しました。

──学生C:(《グラナダのカルトハの聖器室》内観 [『図集』p.73 ❸] を見て) 装飾が多い。

　そうですね。ルネサンスに比べて全体的に精巧で緻密な装飾で構成されていますが、特に『図集』後半に出てくるスペインやドイツといった当時の周縁部のバロックと理解されている建築で、その傾向が強くなります。

──学生D：（《サン・ピエトロ大聖堂》敷地図［『図集』p.63 ❸］を見て）楕円が使われている。

　いいところに気がつきました。ルネサンスでは真円がよく用いられていましたが、バロックでは楕円がここぞという場所で採用されています。楕円にはルネサンスの安定した調和的な世界像とは異なる動きを感じませんか。これについてはのちに詳しくその背景を検討してみたいと思います。

　さて、皆さんの指摘でバロック様式の特徴はすでにほぼ網羅できていますが、心配だと思いますので、19世紀末にバロック様式を初めて概念化したハインリッヒ・ヴェルフリン（Heinrich Wölfflin, 1864-1945）のまとめ（『ルネサンスとバロック』★D）を挙げておきます。

・絵画的様式

　これは建築の形が何であるかではなく、それがどのように見えるかを重要視したという意味です。《サン・ピエトロ大聖堂》（1506-1626）のように建築物が複雑化、大規模化し、前回の講義で出てきた遠近法の実例のような、トロンプイユ（騙し絵）的空間処理が追加されることによって生じた特徴とも言えるでしょう。

・巨大な様式

　これは先ほどのジャイアント・オーダーの特徴そのものです。ミケランジェロによる《パラッツォ・セナトリオ》（1592起工）のジャイアント・オーダーはバロックを先駆けたと言われています。都市における宮殿によく取り入れられた手法です。

・量塊性

　マスとしての大きさや重さと一体的な装飾構成が強調される一方で、ルネサンスのような形体の明確さは失われました。先ほどの「装飾が多い」という指摘に関連しているかもしれません。

・運動

　流動的な、不安定な形体が好まれました。先の楕円の指摘はこれに深く関係しています。1550年頃の《サンタンドレア・イン・ヴィア・フラミーナ教会堂》が最初期の例と言われています。

▶《サン・カルロ・アッレ・クァトロ・フォンターネ教会》

　このように、私の誘導もあったかと思いますが、学生とヴェルフリンの発見はそう大差ありません。皆さんが感じ取る力は恐ろしく正確なのです。

　では、バロックを考えるときに決して忘れてはならない建築とは何でしょうか？　多くの

人は、《サン・ピエトロ大聖堂》ではなく、ローマの街角に建つ、ある小さな教会を思い出すでしょう。それがフランチェスコ・ボッロミーニ（Francesco Borromini, 1599-1667）による《サン・カルロ・アッレ・クァトロ・フォンターネ教会》（1641）です[**fig.5,6**]。

　その名前が意味するところは「4つの泉をもつ交差点に建ったサン・カルロ教会」です。立地がまず興味深い。これまでに紹介した教会のような、大きな広場や敷地をもち合わせたものではなく、小さな宗派のための建物で、いわば中小企業のビルのように街中に建っているのです[**fig.7**]。

　この立地は非常にバロック的だと思います。都市の中の建築がもつ特徴なのですが、この教会は狭い四つ辻に建っているため、その全体像を把握することがどうしてもできません。外観を眺める目は建物の部分を見て、それをつなぎ合わせて全体像を想像することになります。その結果、建物の印象は簡単には定まりません。複数絵画のように、視点の運動とともに立ち現れてきます。

　そして、印象が決定づけられないまま小さな入口から中に入ると、いきなり核心部分である楕円空間へ一気に入り込みます[**fig.8**]。これは敷地があまりにも小さいからなのですが、まるでハレーションを起こしたかのように、突然目の前に白い空間が浮かび上がります。この外観と内部の大きな印象の違いが薄い扉一枚隔てただけで成立しています。

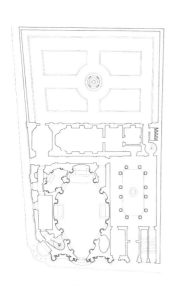

fig.5　フランチェスコ・ボッロミーニ
《サン・カルロ・アッレ・クァトロ・フォンターネ教会》（1641）平面図

fig.6　同、アクソノメトリック図

fig.5-7 出典：『磯崎新＋篠山紀信　建築行脚8』（六耀社、1980）

fig.7 街中に建つ同教会 撮影：篠山紀信

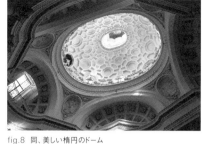

fig.8 同、美しい楕円のドーム

fig.9 同、ペン先のような曲線を描くペディメント

fig.10 同、ドームの中心に位置する鳩　fig.8-10 著者撮影

　そしてその内部の完成度は実に驚くべきものです。この教会はボッロミーニの死後も彼
のスケッチに従って増築を幾度か経ています。このドーム内は、設計に心血を注いだ
ボッロミーニの完全なコントロールのもとに実現されたことがわかっています。
　残された彼のスケッチを確認すると、ドーム内部にまず楕円平面が設定されています
が、その楕円はそのまま立ち上がっているわけではなく、聖像を祀るアプスや階段室の
ための壁龕をその周囲に置き、それらに楕円の補助線を投影させつつさらに二次的な
凹凸を組み合わせています。それら複雑な曲線を柱上の横材部分であるエンタブラチュ
アがつないでいきます。その鋭いカーブは実に正確無比で、その規則がさらに周りの小
ドーム内部の造作にも押し寄せ、切妻のペディメントすらペン先のような美しい曲線を
描くように変換されています [**fig.9**]。変形されたペディメントは《パラッツォ・デル・テ》
でも見ましたが、比較のしようもないほど、そこには完全に更新された秩序があります。
そしてエンタブラチュアはその上の楕円ドームを支えるペンデンティヴに接続します。楕
円ドームは十字、八角形などの幾何学模様を規則正しく組み合わせながら収束してい
く見事なものです。さらにその上には明かりとりのためのランタンが取りつけられ空間を
完結させています。そのランタンを見上げると、楕円から収束した円に三角形が内接し、

三位一体を象徴するその三角形が鳩を囲み、その鳩は十字架のように翼を広げ、その三位一体につながります[**fig.10**]。

　これで建築内部のすべてが接続し終わりました。それは、下から上へたどれば、無秩序な地上の諸機能がペンデンティヴ上の楕円ドームによって縫合される過程であり、上から下へ降りていけば、楕円という新しい秩序が世界を統合している有様の実体的証明なのです。これが奇跡を実体として発生させるという、建築が根源的に求められている要求の実現した姿なのです。そしてこの強いデザインの力の背後には、ボッロミーニが追従しようとした、新しい世界観についての確信がありました。それは何だったのでしょうか。

≫楕円＝宇宙・都市・建築・人間

　もちろんそれは楕円です。では、楕円がなぜ新しい世界観となったのでしょうか。これを可能な限り具体的に説明する必要があります。

　天文学者ヨハネス・ケプラー（Johannes Kepler, 1571-1630）は、1619年に惑星の運行が楕円軌道を描くという有名な法則群を発表しました。まずはケプラーの天文学について、NASAがYouTubeにわかりやすい動画を公開していますので見ておきましょう。
──（「Solar System Dynamics: Orbits and Kepler's Laws」★E鑑賞）

　1594年にグラーツで数学と天文学を教えるようになったケプラーは、コペルニクス（Nicolaus Copernicus, 1473-1543）の地動説の支持者でした。1599年にプラハで活動していた天文学者ティコ・ブラーエ（Tycho Brahe, 1546-1601）に助手として招かれ、彼の死後、その仕事を受け継ぎました。ブラーエ自身は天動説を支持したのですが、自らの膨大な惑星観測のデータをうまく説明できない点があったようです。ケプラーはその矛盾を解消する推論を立て、1619年にまとめて以下の法則群を発表しました。

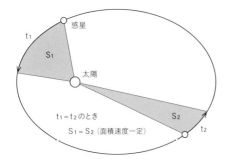

fig.11　ケプラーの第2法則

第1法則:惑星は、太陽をひとつの焦点とする楕円軌道上を動く。

第2法則:惑星と太陽とを結ぶ線分が単位時間に描く面積は、一定である(面積速度一定)[**fig.11**]。

第3法則:惑星の公転周期の2乗は、軌道の長半径の3乗に比例する。

　私たちにとって重要なのは、すでに1609年には発表されていた第1法則と第2法則です。

　第1法則からは、楕円の場合、太陽は中心ではなく焦点のひとつであることが主張されています。もう片方の焦点には何もないのですが、これは同時に虚の焦点の存在を浮かび上がらせることになりました。

　第2法則は面積速度が一定であるということですから、楕円のうち焦点距離の短い辺、つまり曲率の大きい部分に来ると惑星はその運行の速度を上げることがわかります。アニメーションを用いた解説動画を見るとその効果はピン来ると思いますが、それは私たちが楕円上を歩いてドームの細部を鑑賞したときに感じるもの以上です。私たちが同じ歩行速度で楕円上を歩いたときでも、曲率の上がった楕円軌道、ようはヘアピンカーブでのシーンの変化は絶大です。しかし軌道上の惑星の実際の運行は、ヘアピンカーブに達したときにさらに自らを劇的に加速するのです。

　これらの運動理論は、宇宙、ひいてはその一部である私たちの世界の運動の理解に革命的な変更をもたらしたことが推測できます。というのも、ケプラー以前の天文学では、惑星は中心の星の周囲を完全な円軌道で運行すると考えられていたからです。この点は天動説に異を唱え地動説を訴えた転回者コペルニクスも同様でした。実はルネサンスにおける真円が、そのような地球に生きる知性体と自らを任じる人々の調和的世界を支えていたのです。しかし、ケプラーによって主張された、楕円軌道上の惑星の想像を超えた運動を知ったとき、人々はルネサンスの一定速度で展開する調和的風景を、

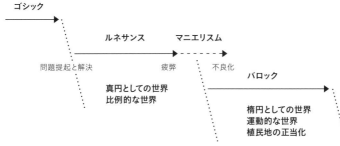

fig.12　世界の調和の移行とそれに見合った建築の形

fig.13 《ヴェルサイユ宮殿》(1682)
の多焦点による計画(楕円と焦点は著者による)

平凡、時代遅れのものと感じるようになったのではないでしょうか[**fig.12**]。

　バロックにおける楕円に基づく世界観は、ルネサンスの延長線上に展開したマニエリスムとの大きな違いでもあります。世界像が、確固たる中心をもつ真円像から、複数の焦点をもつ楕円像に移行しました。ボッロミーニの製作を精神的に支えたのが、この未見(実際に見ることはできない)の世界像であり、このときに、(講義の冒頭に述べた)社会追従型の芸術としての建築が、実際よりも一歩先んじた社会を具現化する余地が生まれてくるのです。もちろんこのような世界観は、当時ごく少数の人たちだけが到達したものであり、天動説やルネサンス的世界観を信じる人も同時に存在しました。そのような認識の幅は現在でも存在しています。

　楕円の宇宙観は虚の焦点を生み、その焦点がさらに新しい焦点を生みます。これによって宇宙、都市、建築、人間が、楕円という運動性を介してつながっている認識が生まれ、それを計画に展開したのがバロック的都市の本質です。これまでの安定した都市に多焦点的関係が挿入されたわけです。

　ローマでは、教皇シクストゥス5世(Sixtus V, 1521-1590)の時代にドメニコ・フォンターナ(Domenico Fontana, 1543-1607)が都市計画を構想し、直線道路、オベリスク(記念碑)の設置を行いました。この直線道路とオベリスクの設置こそ、都市における新しい関係をつくり出す「焦点の追加行為」の前兆だったはずです。

　またフランスの《ヴェルサイユ宮殿》(1682)の多焦点による計画手法も示唆することができます[**fig.13**]。その計画には固定した単一的国家というよりも、より広範に展開する能力をもった帝国性が強く表れています。のちの19世紀のパリの大改造でも、それまで同心円的に発展していたパリが、多焦点的な世界として周辺に拡大していきました[**fig.14,15**]。

fig.14 凱旋門から見たパリの街並み　著者撮影

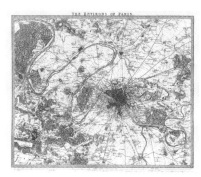
fig.15 パリ周辺の古地図

　そして、このような焦点の展開、拡大は、バロックの影響を大きく受け、後期バロック建築の担い手になったスペインによる新大陸の侵略過程の正当化でもありました。植民都市建設が世界に拡大する楕円運動の「焦点のひとつ」として展開されたのです。その結果、当時メキシコで花開いていた文明、文化は殲滅され、同地でスペイン人たちによって数多く建てられたバロック教会の装飾のなかに、抑圧されたかたちで生き残ることになりました。例えば現在のメキシコには、スペイン政府による過剰に装飾されたバロック様式の教会が数多く残っています。

　この楕円による世界観は、私たちが住む現在の世界といまだに強固に結びついています。ケプラーの法則が塗り替えられないうちは、この世界観は当分続くのだと思います。建築は社会追従型の芸術なのです。

参考文献・資料
★A　日本建築学会『西洋建築史図集』（彰国社、1981）
★B　磯崎新、篠山紀信ほか『磯崎新＋篠山紀信　建築行脚 8　マニエリスムの館 パラッツォ・デル・テ』（六耀社、1980）
★C　磯崎新、篠山紀信ほか『磯崎新＋篠山紀信　建築行脚 9　バロックの真珠 サン・カルロ・アッレ・クァトロ・フォンターネ聖堂』（六耀社、1983）
★D　ハインリッヒ・ヴェルフリン『ルネサンスとバロック──イタリアにおけるバロック様式の成立と本質に関する研究』（上松佑二訳、中央公論美術出版、1993）
★E　映像：NASASolarSystem「Solar System Dynamics: Orbits and Kepler's Laws」(2010) https://www.youtube.com/watch?v=wjOOrr2uPuU
★F　ハインリッヒ・ヴェルフリン『建築心理学序説』（上松佑二訳、中央公論美術出版、1988）
★G　ハインリッヒ・ヴェルフリン『美術史の基礎概念──近世美術における様式発展の問題』（海津忠雄訳、慶應義塾大学出版会、2000）
★H　ハインリッヒ・ヴェルフリン『イタリアとドイツ──文芸復興期の芸術』（杉田益次郎訳、清閑舎、1943）
★I　ヨハネス・ケプラー『新天文学──楕円軌道の発見』（岸本良彦訳、工作舎、2013）
★J　ヨハネス・ケプラー『宇宙の調和──不朽のコスモロジー』（岸本良彦訳、工作舎、2009）

第 3 回

新 古 典 主 義 と 知 性 の 暴 発

　前回の講義では、17世紀ヨーロッパを席巻した〈バロック〉についてお話ししました。バロックは現在でもヨーロッパ文化の礎のひとつとなっていると思います。というのは、この時代のヨーロッパの国々は、地球の裏側に植民地をつくり、その地域の物資を収奪する機構をつくり上げたからです。その経済的隆盛に呼応した文化は、その拡張主義をも正当化するような、点と点とをつなぐ多中心の世界観を表現した躍動感のある時代でした。

　さて、これまでの講義では、様式の変転を「問題の発見」→「解決」→「疲弊」→「新しい問題の発見」のサイクルとして話をしてきました。それではバロックの次には何が来たのでしょうか。これがなかなか難しいのです。

　この講義では取り上げませんが、ひとつの例としては18世紀以降のフランスを中心に展開した、宮廷で盛んに用いられた〈ロココ〉趣味です。根のない植物が絡まりついて部屋を覆っているかのようなその特異な内観の様は、バロック後の重要な展開です。バロックの運動感がロココの浮遊感に横滑りしていったかのようです。アラン・レネ監督（Alain Resnais, 1922-2014）による難解な芸術的映画で知られる『去年マリエンバートで』（1961）★Aは、ある城のバロック的、ロココ的空間が舞台です。そのなかで時制を混乱させたかのような映画づくりが試みられました。当時の雰囲気を知るのにちょうどよいと思って、以前はこの講義で鑑賞会を行っていましたが、鑑賞後の学生からの質問があまりにも難しすぎて、私自身が答えられないことも多く、この映画は封印しました。興味のある方は是非見てください。

　いずれにせよ、ロココ様式の特異性については美術史家であるE・H・ゴンブリッチ（Ernst Hans Josef Gombrich, 1909-2001）が、その著『センス・オブ・オーダー』（1979）★Bのなかで、「重力を外した表現であった」とうまく説明しています。それまでの建築表現は、地球の重力に抗って構造体が構築されることから発生し、力の伝達が装飾のモチーフにすらなっていました。ロココはそれとはまったく違う、無重力の装飾なのでした。ロココについては研究者も少なく、私自身もまだうまくお話しできる自信があり

ませんので、これ以上の説明を割愛します。私が行う「西洋建築史」の講義では、ルネサンス期以降に反復される文化更新を説明するにあたって、スタンリー・キューブリック監督 (Stanley Kubrick, 1928-1999) の映画『2001年宇宙の旅』(1968)★ᶜを紹介しています。そのラスト・シーン、主人公がスターチャイルドとして再生を迎える異世界のユークリッド空間が極めてロココ的な空間ですので、興味がありましたら、こちらもご覧ください。

　というわけで、今回の講義はロココの後にやってきた、よりまとまりのある時代様式、〈新古典主義 (Neo Classicism)〉についてです。18世紀中頃から本格化した新古典主義とは、文字どおり新しい古典主義です。しかし、ここで言う「古典」はすでに「主義」なので、古典そのものではありません。つまり新古典主義は、古典主義として花開いたルネサンスの反復でもあり、第二ルネサンスと言ってもよいわけです。とはいえ、新古典主義にルネサンスが見せた初々しさは見られず、またバロックを経て復活した古典主義として、ダイナミックスや数学的厳密性がつけ加わっています。そして、新古典主義建築では、バロックの根幹であった楕円運動が跡形もなく消え去ってしまいました。

　バロックもまた宇宙法則の変更に基づくルネサンス以来の挑戦的展開であったことや、現在でもケプラーの法則が生きていることからも、その楕円運動は極めて正当的であったと言えます。しかし、新古典主義はこれを受け継ぐことなく、その形体は真円や立方体などのプラトニックな純粋幾何に逆戻りします。つまり、新古典主義の時代に生まれた知的パラダイムが、バロックの楕円を疎外していきます。なぜ楕円は封印されてしまったのでしょうか? それについて有効な見解を述べてくれる先達はいません。

　私なりの見解ですが、バロック的楕円よりプラトニックな純粋幾何のほうが、より多くの人々にとって共有されやすかったからではないでしょうか。いわば人間知性のより広い社会上の発達とともに、その平準化も発生したのです。この動向を後押ししたのが全国民的知的刷新運動とでも言うべき啓蒙主義であり、そして建築では新古典主義でした。その意味で、啓蒙主義と新古典主義建築とは深く連動しているようにも思えます。

》啓蒙思想

　〈啓蒙思想 (Enlightenment)〉は17世紀イギリスでその傾向が始まり、特に18世紀のフランス、ドイツ等で広まりました。人に普遍的に存在するとされる理性を基礎として、人々が新たに、合理的に世界を認識するという高慢な考え方ですが、これによって、近代の思想は実際、発展しました。この時代を〈啓蒙時代〉と言いますが、わかりやすい文

脈を紹介しましょう。

　啓蒙時代の重要な具体的変化は、社会における情報の公開と流通に関するものです。そのなかでも、とりわけ重要な運動のひとつは百科全書の刊行です。『百科全書、または学問、芸術、工芸の合理的辞典』★D というタイトルで、フランスの啓蒙思想家ディドロ（Denis Diderot, 1713-1784）とダランベール（Jean Le Rond d'Alembert, 1717-1783）らが中心となって編集しました。1751年から1772年まで、20年以上の歳月を費やして完成した百科事典集です。その執筆者や編纂者を中心として〈百科全書派〉という当時の思想的潮流も生み出されました。

　これは、購読料を払えば新しい知的成果が手元に届くという革命的なシステムで、いまで言うGoogleのような存在だとイメージしていただければわかりやすいかと思います。ディドロが構想した全知識としての百科全書の目次を見ると、部立ても「メモワール（記憶）」「レゾン（理由）」そして「イマジナシオン（想像）」と、大変興味深い枠組みです。

　しかしここで重要なのは、百科全書の購読者となりうる階級層が相応に発達していたということです。これは新興貴族や中産階級（ブルジョワジー）の台頭を意味していますが、同時に徐々に標準語が確立されていった証でもあります。これが近代国民国家のイメージ形成に大きく寄与します（第4回の講義で詳しく説明します）。

　また、このような多くの階級を含んだ知的基盤の刷新は、例えば宗教的惰性としての世界観を軽蔑し、新しい世界観を一から構築しようというような、大それた考えを生じさせました。すべてを〈タブラ・ラサ（白紙状態）〉に戻して考え直しうるという考え方です。これは啓蒙時代以降に発生したフランス革命（1789-1799）の原動力にもなり、そしてモダニズムの建築が生まれる契機にもなりました。このように知的基盤の刷新と世界そのものの革命的刷新とは連動していることも多く、新古典主義という復古的な傾向が同時に革命的な意味をはらんでしまうという、少し複雑な状態が生み出されました。

≫啓蒙と革命

▶《ショーの王立製塩工場》

　こうした背景のなかで、ユートピア的な建築作品群が構想されます。その多くは実現することはなかったのですが、実現した数少ないユートピア的作品を紹介します。クロード・ニコラ・ルドゥー（Claude Nicolas Ledoux, 1736-1806）による《ショーの王立製塩工場》（1779）です。この作品は、まるで「幻の都市」とでも言うかのような世界性をもっていることが特徴です。また、教会や宮殿ではなく「製塩工場」という、これまで西洋建

fig.1 クロード・ニコラ・ルドゥー《ショーの王立製塩工場》(1779) 全景
撮影：篠山紀信

fig.2 同、正門
著者撮影

築の歴史上に現れてこなかったカテゴリであることも重要です。

　場所はフランス東部、スイスに隣接したアル＝ケ＝スナンです。ここで塩分濃度の高い
湧水を利用した塩づくりが企図されました。なぜ製塩工場が王立なのかというと、日本
でも塩は専売制度であったように、人間の生活に欠かせないものに税金をかけていたか
らです。製塩は国家の重要な収入源だったわけですね。そのためには、その工場を中心
にして生きる人々の世界が悲惨なものであってはならなかったのでしょう。

　磯崎新と篠山紀信の『建築行脚10』★Ｅの特集では、気球に乗って《製塩工場》に赴
くところから始まります。上空からの眺めは鮮やかにこの建築群の配置構成を見せてく
れます[**fig.1**]。この導入は秀逸です。空から見ると、さまざまな種類の建物が半円のコー
ト上に規則的に並んでいるのがわかります。青い芝生が広がっていて、工場には見えま
せんね。むしろ中世の宗教的コミューンのような、生産して生きるための職住近接の場
所のように見えます。

　端正な〈ギリシア・ローマ〉建築が重要な建築物を占めると同時に、大きな屋根をもつ
牧歌的な工場群が並列され、それなりの統一感があります。この敷地に入るための円上
の正門入口にはグロッタがあります[**fig.2**]。異世界の扉としてのグロッタを用いた表現
はマニエリスムの回にも登場しました。このグロッタは《製塩工場》全体の入口にありま
すから、この工場全体が異世界、つまりユートピア的な世界であることを演出しているの
だと思います。

　閾としての正門をまたぐと、視線は「監督官の館」という中心の建物に向かっていきま
す[**fig.3**]。監督官の館はペディメントをもちギリシア神殿を彷彿とさせますが、なにやら

fig.3 《ショーの王立製塩工場》「監督官の館」
fig.4 同、柱　fig.3,4 著者撮影

マニエリスティックな雰囲気も感じます。石を積んでつくった柱をよく見てください。平板と円盤が交互に積み上がっていますね [fig.4]。その柱は二層まで一気に続くジャイアント・オーダーが採用されているので、この建築はバロック以降ということがわかります。また工場の壁には泉からの塩分が結晶して固まったかのようなモチーフが取りつけられています。つまり、ギリシア・ローマ的でありながら、マニエリスムやバロック建築の表現を経た建築様式なのです。そのため表現方法もルネサンス時代に比べて十分技巧的になっています。

　中に入ってみると、奥は荒々しい石積みのホールです。小屋組のトラスがむき出しになっていて、実用的な建物であることを示しています。ペディメントのところに丸い窓があり、そこから調和的な世界が広がっているのが見えます。

　この敷地内には製塩のためのさまざまな施設が有機的に連結されています。工場部分ももちろんですが、それを管理する工場長、官吏、そして働き手たちのための住宅群があります。その住宅は内部で大きく左右2つに分かれていて、背後には大きな庭がついています。家庭菜園もこの大きさなら十分でしょう [fig.5]。

　この綿密につくられたルドゥーの理想世界建設計画には、初期案がありました。当初は真四角で、この世界だけで閉じることのできる衛星都市になっていたのです。そこから最終的に半円の形になったわけですが、実は後年、ルドゥーはその計画を拡張した真円の案をつくっています [fig.6]。

　これは『芸術・習俗・法制との関係から考察された建築』★F という彼の建築作品集に収められているのですが、1804年にまとめられたこの本は、理性と革命の時代を表すのに極めて象徴的な本と言えます。なぜなら、フランス革命の勃発によって、王お抱えの

建築家であったルドゥーが建築家としての活動を絶たれた後につくられた晩年の本だからです。ですからこの書物は、実際につくられた作品、それを改変した作品、そして実際に建てられなかったさまざまな種類の建築物（売春宿まであります）を陳列した作品集になっているのです。理想と革命の挫折とが入り混じった幻想の建築作品集というわけです。

　田舎にポンとUFOが現れたかのような、真円として閉じた《製塩工場》計画が示すよ

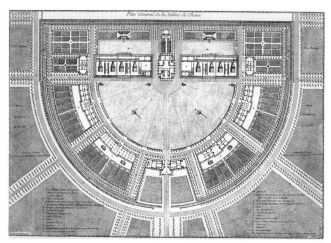

fig.5　同、敷地図

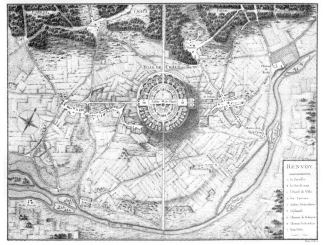

fig.6　同、周辺図　後年につくられた真円の案

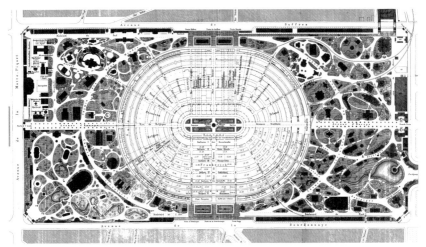

fig.7 パリ万国博覧会の会場計画（1867）

うに、それら作品群は書物にまとめられた際に一気にユートピア化していきました。まる
で19世紀末から20世紀初頭に現れた職住近接衛星都市のひな形のようですね。これ
こそ〈タブラ・ラサ〉からの都市設計です。

　このルドゥーのユートピア的ひな形はとても重要で、その後にも影響を与えています。
《製塩工場》竣工のおよそ1世紀後の1867年、まったく同じようなプランがパリ万国博
覧会で登場します。その円は明らかに地球がひな形となっていて、ヨーロッパ、アメリカ、
アジア、第一次産業品、第二次産業品、工芸品など、国や出品分野によって区画され、
模式的な世界主義を表しています［**fig.7**］。

　そして面白いのは、会場の周辺にピクチャレスク（第4回の講義で詳しく説明します）な
庭園と世界の建物模型がつくられていることです。例えば、日本の茶屋やアフリカの住
宅などが原寸大で建てられ、そこで各国の人が実際に観客を迎えました。ルドゥーのひ
な形が展開されることによって、こうした博覧的世界再現の試みが確立されていったと
いうことは、彼の想像力の性格をよく表していると言えるでしょう。

　《製塩工場》は、現在ルドゥー博物館になっていて、これらのさまざまなイメージを模
型にしたものが常設展示されています。大変面白いので是非見に行ってみてください。
《製塩工場》の初期案も残っています。いまつくっても面白そうな作品群であり、同時代
のイタリアの銅版画家ジョヴァンニ・バッティスタ・ピラネージ（Giovanni Battista
Piranesi, 1720-1778）の幻想的諸作品と同じように、みんないまだにルドゥーの影響を

受けているのです。このような、実現不能な世界をドローイングによって達成しようとするような考え方が啓蒙時代、タブラ・ラサ的世界には横溢しています。

▶ エティエンヌ・ルイ・ブーレー

　次は、エティエンヌ・ルイ・ブーレー（Etienne Louis Boullée, 1728-1799）という、ルドゥーよりさらにメガロマニアックなものをつくろうとした人を見てみましょう。彼はモダニズムのもとになるような初源的形体を大々的に展開、提案しました。しかし、それらを実現させることはどだい無理な話でした。彼はフランス革命後の世界を、肥大化した建築構想によって表そうとしたのです。例えば《円錐状の死者の記念堂》（1786頃）[**fig.8**]、この無数の納骨空間によって構成される断面は驚きです [**fig.9**]。《アイザック・ニュートンの記念堂》（1784）[**fig.10**] の断面図を見ると、プラネタリウムになっています [**fig.11**]。昼間は壁の穴から光が入り、夜空を映します。逆に夜になると真ん中につるされたアストロラーベ（天体観測器）のシルエットが真円ドーム全体に広がって、宇宙の構造を映し出します。実現はしなかったけれども、当時の知識の高まりがこんなものまで生み出したのです。

fig.8　エティエンヌ・ルイ・ブーレー《円錐状の死者の記念堂》
（1786頃）立面図

fig.9　同、断面図

fig.10　エティエンヌ・ルイ・ブーレー
《アイザック・ニュートンの記念堂》（1784）立面図

fig.11　同、断面図

彼らの、世界を建築としてつくりきってしまおうとするかのような網羅性、そこに採用された幾何学性、そしてこのまだ見ぬ世界構築の背景には、実は建築史学の誕生と発達が関与していました。

≫建築史の発達

　建築史というのは比較的新しい、解釈の学問です。ローマの遺跡に関して、当時考古学的分析が進みはじめていました。そのなかで、ハプスブルク家お抱えの建築家であったフィッシャー・フォン・エルラッハ（Fischer von Erlach, 1656-1723）が『歴史的建築の構想』（1721）★Gという書物を刊行します。これは世界の建築の比較史とでも言うべき本で、過去の建築を描こうとするという意味で、建築史的アプローチを最初に実現化したものです。

　驚くことに、エルラッハはこの本で全世界、全時代を紹介しようとしています。網羅して描くという点で、これも百科全書と似ていますね。バビロニア、エジプトの古代世界から始まります[**fig.12**]。イスラム世界から採用されたイスタンブールの《ハギア・ソフィア》は比較的正確ですが、中国の皇帝が住む北京の《紫禁城》は想像が入り混じっています。似ているけれど間違っているのは、実際に見て描いたわけではなく、当時の情報をもとに描いたからです。こうした伝聞情報が流布してエキゾチシズムにつながり、人が建築をつくるときの構想の源泉になっていきました。建築史学のもともとの役割はこのような「正確なネタ」の提供です。

　次にフランスのマルク=アントワーヌ・ロージエ（Marc-Antoine Laugier, 1713-1769）

fig.12　フィッシャー・フォン・エルラッハ『歴史的建築の構想』（1721）で紹介されたエジプト

fig.13　ロージエによる原始の小屋

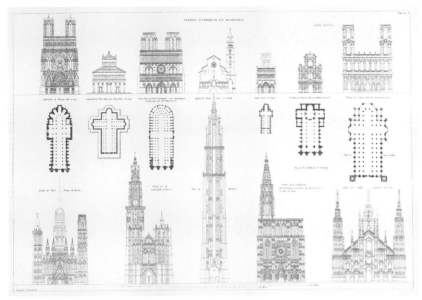

fig.14　ジャン=ニコラ=ルイ・デュラン『あらゆる種類の建築の比較対照』（1800）

という神父の著した著作『建築試論』（1753）★ᴴも紹介しておきましょう。彼は様式美に溢れた建築の「虚飾」を外した原始の建築を構想しました。これも大変啓蒙的です。口絵では、知識の女神が「これが家の始まりです」と木組みの家を天使に示しています[**fig.13**]。その家の始まりは、自生した木に梁と垂木を架けたものとして表現され、女神はもはや原理的に用立たなくなった柱（オーダー）に腰掛けています。つまり、ここでは構造という原理が抽出されているわけです。しかし、現実的には4本きれいに木が立っているわけがないので、これもまた仮説的な試論ではありました。とはいえ建築史学の役割として、このような「理念」の提出も始まったのです。

　次は、同じくフランスのジャン=ニコラ=ルイ・デュラン（Jean-Nicolas-Louis Durand, 1760-1834）です。フランスには芸術的な建築学校である名門ボザールのほかに、工業的な建築学校であるエコール・ポリテクニークがありました。その校長でもあったデュランがつくった『あらゆる種類の建築の比較対照』（1800）★ᴵ[**fig.14**]という本は、ありとあらゆる建物を同じスケールで並べた、恐ろしい標準図面集です。すべてを同一スケールで展開するという工学的アプローチで、これが延々と続きます。この多量さと同時に、有名建築物の権威を同一スケールにすることによって骨抜きにしてしまおうとするかのような態度が面白いですね。量が質に転化しています。この「批判力」も建築史学の役割と

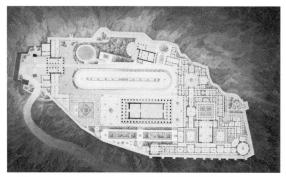

fig.15　カール・フリードリッヒ・シンケル《アクロポリスの王宮計画》（1834）
敷地計画図

fig.16　カール・フリードリッヒ・シンケ
ル《クリミアのオリアンダ宮殿計画》
（1838）内観パース
地下が設定されている

言えば、そうでしょう。

　しかし、このような動きが様式建築そのものの運動サイクルを加速させ、結果的に疲
弊させることになったのは皮肉なことです。何かを明らかにすると、それは疲弊し、いつ
かなくなっていくのです。

》第三の帝国へ

　最後に、カール・フリードリッヒ・シンケル（Karl Friedrich Schinkel, 1781-1841）の作
品を見てみましょう。ベルリンで展開されたシンケルの作品は、ドイツで花開いた、遅れ
たルネサンスとでも言うべきものです。彼の作品は新古典主義の真骨頂と言われていま
す。それは、ルドゥーのような「啓蒙時代との格闘とその結果としての幻想の肥大化」な
どのわかりやすさでなく、その作品の「実現力」と「考古学の展開に基づいた構想的建
築の提案」の両方に長けていたからでしょう。これは当時のドイツが革命的ではなかっ
たことに由来しているのかもしれません。

　例えば、《旧博物館》（1830）の中は、ローマの《パンテオン》の再現です。そして、一
方でアテネのアクロポリスを舞台としたプロイセン王国のための王宮の構想案などを提
案してもいます[**fig.15**]。1834年にプロイセンの王位継承者の命に従って作成されたも
のです。もちろんそんなものが現実のアクロポリスに建つはずがありません。

　シンケルはアクロポリスの著名建造物、《パルテノン》《エレクテイオン》《プロピュラ
イア》を保存しつつ、丘の東端に新しい大規模な宮殿を計画します。植物も繁茂するピ
クチャレスク的な宮殿とも言え、地下も用いたその構成力は極めて魅力的でした。これ

はのちの《クリミアのオリアンダ宮殿計画》（1838）にも共通しています [**fig.16**]。また、提案の内観パースには色がつけられています。当時発達した考古学では、顔料の研究によってギリシア・ローマ建築の本来の色が再現されていたのです。

これが原動力になったのかはわかりませんが、その後のナチス・ドイツは第三帝国、つまりギリシア、ローマに連なる帝国としてのナチス建築をつくります。ナチス建築は明らかに新古典主義を意識してつくられました。

いずれにせよ、18世紀はものをつくるというよりも、ものを構想するということに建築家が熱狂した時代です。彼らは、自分が抱いた先行する啓蒙的理論に現実がついていかないから、とにかく描いたのでしょう。

知性の暴発、それが新古典主義時代の裏側です。

参考文献・資料
★ A 映画：『去年マリエンバートで（L'Année dernière à Marienbad）』（アラン・レネ監督、1961）
★ B E・H・ゴンブリッチ『装飾芸術論──装飾芸術の心理学的研究』（白石和也訳、岩崎美術社、1989 [原著 *The Sense of Order: A Study in the Psychology of Decorative Art*, 1979]）
★ C 映画：『2001年宇宙の旅（2001: A Space Odyssey）』（スタンリー・キューブリック監督、1968）
★ D ディドロ、ダランベール編『百科全書──序論および代表項目』（桑原武夫訳、岩波書店、1995 [原著 *L'Encyclopédie, ou Dictionnaire raisonné des sciences, des arts et des métiers, par une société de gens de lettres*, 1751-1772]）
★ E 磯崎新、篠山紀信ほか『磯崎新＋篠山紀信 建築行脚10 幻視の理想都市 ショーの製塩工場』（六耀社、1980）
★ F クロード=ニコラ・ルドゥー「芸術・習俗・法制との関係から考察された建築」（三宅理一訳、★ E所収、p.119）
　　なお、より詳細な註解版として、白井秀和による全訳『ルドゥー「建築論」註解（I・II）』（中央公論美術出版、1993・1994）を挙げる。
★ G フィッシャー・フォン・エルラッハ『「歴史的建築の構想」註解』（中村恵三編著、中央公論美術出版、1995 [原著 *A Plan of Civil and Historical Architecture*, 1721]）
★ H マルク=アントワーヌ・ロージェ『建築試論』（三宅理一訳、中央公論美術出版、1986 [原著 *Essai sur l'architecture*, 1753]）
★ I ジャン=ニコラ=ルイ・デュラン『デュラン比較建築図集』（長尾重武編、玲風書房、1996 [原著 *Recueil et parallèle des édifices de tout genre anciens et modernes*, 1800]）
★ J 磯崎新、篠山紀信ほか『磯崎新＋篠山紀信 建築行脚2 透明な秩序 アクロポリス』（六耀社、1984）

第 4 回

折衷と廃墟
19 世紀英国

≫ ネオからの流れ

　前回の講義を受けた学生からのコメントのなかに、「たいていの建築家は過去の優れた建築に影響を受けているものなので、やみくもに〈ネオ（Neo）〉を使うのは乱暴なことのように思えた」というものがありました。この〈ネオ〉とは、これまでに出てきた様式名にこの冠をつけ加えることで、再びこれらの様式を用いようとした 18 世紀以降の流れのことを述べています。この講義で皆さんは、モードが構成され、疲弊し、そして新しいモードがまた要請されるというサイクルに基づいて近代建築史を学んできました。このサイクルのなかから出てきた〈ルネサンス〉〈マニエリスム〉〈バロック〉などの様式は、すべて発明的な要素を含んでいました。しかし、先のコメントが指摘している〈ネオ〉系統は過去に一度まとめられた様式をさらに改訂したものであり、発明よりむしろ反復的な要素が大きいわけです。

　では、本当にそうなのでしょうか？　『西洋建築史図集』★A を使って確かめてみましょう。バロック以降のページをめくっていくと、バロックが各地に波及した結果として、例えば〈スペイン・バロック〉などが出てきます。その次には〈ロココ〉です。ここまでは固有な命名です。ところが、この『図集』も含めて、〈ネオ・クラシシズム（新古典主義）〉が出て以来、タガが外れたように〈ネオ〉が乱立します。〈ネオ・ゴシック〉〈ネオ・ルネサンス〉〈ネオ・バロック〉などです。

　近代建築史は操作の歴史だということを伝えてきましたが、この乱立状態こそが極めて象徴的かつ末期的です。何かに飽きたら別のものをもってくる。それが同時並存的に出現します。終いには命名さえ面倒くさくなって、〈ネオ〉をつけ足して済まそうとしているかのようです。ネオ・クラシシズムは当時の人々にとってはさらに完成されたバロックを目指そうとしたものだったようですが、ネオ・ゴシックのほうは中世への回帰を標榜した運動であり、その始まりからして〈ネオ〉に潜む反復運動に意識的であったわけです。

例えば、『図集』の最後のほうのページに掲載されたウィーンにあるネオ・ゴシック様式の《ヴォティーフ聖堂》。この建築が完成したのは1879年です。つまり、産業革命も始まり、モダニズムがほのかに現れている最中でも、この反復作業をしていたのです。終いには〈ネオ・ルネサンス〉、つまり反復の反復を表す様式まで出てきます。そしてとどめは〈ネオ・バロック〉でした。産業革命後の新しい技術がどんどん生まれているのに、過去の様式を繰り返すだけでは、急速に発展しはじめた社会にマッチしたモードをつくり出すことはできません。社会追従型芸術としての建築の存在意義すら、これでは危うくなってしまいます。

≫折衷主義とイギリス

さて、今回扱う〈折衷主義（Eclecticism）〉の舞台はイギリスです。イタリアにはイタリア、ドイツにはドイツ、イギリスにはイギリス、どんな地域にも特有の発展の仕方があります。そのなかでもイギリスは、独自の展開を見せたゴシック時代の教会建築のように、かなり偏った追求を展開してきました。

例えば、最近廃墟趣味がはやっています。廃業したホテルを訪れ、その朽ちた様子を撮影記録したりする行為は賞賛されそうにはありませんが、お化け屋敷がなくならないように、その趣味は格別異常なものではありません。多くの人々の心のなかに廃墟に魅力を感じる感情はあるのです。前回も名前が出ましたが、ピラネージによるエッチング作品も廃墟趣味であることに変わりはありません[**fig.1**]。

しかし、これらの趣味をひとつの様式にまで高めたのはイギリスでした。後で説明しますが、〈折衷主義〉と〈廃墟趣味〉は通底しています。

fig.1　ピラネージ《牢獄》（1749-50頃）

さて折衷主義は、様式の反復性に気づいてしまった後でもなお、様式を美学として生きながらえさせようとした最後の砦のような存在でした。この様式はネオ系と比べてはるかに発明的です。

　様式反復の倦怠のなかで、建築家は建築様式の断片を取捨選択し、組み合わせるようになりました。ファサード低層部はイタリアン・ルネサンスでまとめて、高層はアクセントとしてゴシックの細部を付加しよう……というように。そして、時代や地域の異なる、文脈としては矛盾する様式要素をいかにうまく混ぜてまとめ上げるかが、建築家の力量を表すとされるようになりました。これが折衷主義です。

　様式の断片的選択が可能になるということは、様式価値が均質化し、その具体的形態が抽象的に扱われるということです。すべてが使えるパーツとして並列になるのです。ただし、それぞれの様式の出自を知っているか否かで、専門家としての力量の違いは出てきます。この状況を、建築様式において交換価値が発生し、その「運用」に重きが置かれるようになった──というように、経済的に説明しても面白いかもしれません。

》映画『ブレードランナー』で折衷主義をイメージ

　この折衷主義をイメージするのに最適な映画があります。1982年に劇場公開されたリドリー・スコット監督（Ridley Scott, 1937-）の『ブレードランナー』★BというSF映画です。これは、建築文化のみならず、さまざまな芸術分野に大きな影響を与えました。そしてこの映画の最も重要な性質は〈折衷性〉でした。

　それまでは、社会は日々進歩するというイメージが一般的でした。そのため、この映画以前のSF映画に登場する50年後、100年後、1000年後の世界と言えば、すべてがクローム一色で、人間がロボットみたいにぎこちない動きをしたり、逆にみんなスライムみたいだったり……というイメージでつくられているものが大半でした。しかし、現代の私たちの生活を見てもわかるとおり、昔の文化も残りつつ新しい事象が生まれ、それらが混在していますね。時間や由来の異なる人工物が混在して一緒くたになっていること、これが真の未来像であり現在性なのだということを、具体的な映像で示した最初の映画がこの『ブレードランナー』なのです [fig.2]。

　人間に反旗を翻したレプリカント（模造人間）とそれを取り締まるブレードランナー（捜査官）との対決を描いた『ブレードランナー』の世界では、機械が19世紀ヴィクトリア調だったり、テレビがまだ液晶パネルではなくブラウン管だったりします。雑踏シーンではディスコ、パンクス、イスラム、チャイナタウン風日本などいろんなファッションや風俗

fig.2『ブレードランナー』(1982)
の世界
写真：Everett Collection／アフロ

が映ります。すべてがちょっと古ぼけているけれど、生きている世界。でも、それでいい
のです。リドリー・スコット監督は、それらが事物として将来古くなることはわかっていな
がら、それぞれが固有のモードで使い続けられているように撮ったのです。建築も、シド・
ミード (Syd Mead, 1933-) がデザインする少し鈍重な80年代フューチャリズムの都市
風景のなかに、さりげなくフランク・ロイド・ライト (Frank Lloyd Wright, 1867-1959) の
名建築が使われていたりします。

　さて、この映画のなかに出てくるレプリカントは、反復された人間、つまり〈ネオ・人間〉
とでも言うべき存在だと思ってください。この映画はネオ・人間の最期を描いた悲しい
映画でした。折衷の世界を端的に体感できる映画ですので、是非見てください。

》《サー・ジョン・ソーン美術館（ソーン自邸）》

　映画ではなく建築で折衷主義を体感できる場所は、ロンドンの中心部にある《サー・
ジョン・ソーン美術館》(1792-1824まで改造) です。ロンドンに行ったらまずここを訪れ
てください。イギリスの折衷主義がラディカルであったことがよくわかります。折衷主義が
「どのようにして異質な様式断片を混在できたのか」ということの回答例として、この建
物を見ていきましょう。

　美術館の名前にあるように、ここはもともとイギリスの有名な建築家ジョン・ソーン
(John Soane, 1753-1837) の自邸（以下、《ソーン自邸》）でした。彼はJ・M・ガンディー
(Joseph Michael Gandy, 1771-1843) という建築家兼画家を専属で雇い、自身の設計
作品のほかに、この自邸を題材にさまざまな絵画を制作させ続けました。これらが大変
貴重なものになりました。のちほど見ていきましょう。

さて、《ソーン自邸》のファサードを見ると、ロンドンによくある、いわゆるタウンハウスとしてもともと建っていたもので、普通の街並みに挿入されたかのような建物だということがわかります。さらに平面図を見ると迷路のようです [fig.3]。あみだくじのようにいろいろな空間を体験できます。膨大な資金の投入が想像される、大規模な改造がなされていますね。では、なぜこれほどまでに複雑な平面になったのでしょうか。

　タウンハウスとは、うなぎの寝床のような細長い区画が連続したもので、日本で言うところの長屋です。ソーンは、1792年にまず西側の1棟を購入し、そこから徐々に買い足していきました。最終的にはタウンハウス2棟分を買い足し、合計3棟分の区画としました。増改築によってそれらをつなげ、徐々につくり上げていったために、ここまで複雑なものになったのです [fig.4]。

　平面図だけではわからないと思いますので、断面図も見てみましょう [fig.5]。地階、1階、2階の構成がよくわかります。地階は墓所やフリーメーソンを強く匂わす地下世界です。1階は主要階で吹抜けを通して地階から2階までの3層構造がパノラミックに展開します。2階は研究室などを設け、上から様式史を見渡すかのような視点が用意されています。

　中央入口ホールの奥には階段室があります。階段周りの建物中央部分には応接的な日常空間であるダイニング・ルームや図書室、そしてトップライトが素晴らしい朝食室などきめ細かいソーンのデザインが堪能できます。天井などに彫られた浅彫はとてもフラットで平明な印象です。いろいろな装飾を使っていますが、いずれも浅いレリーフのため、均質感、統一感があります。

　階段室を通り抜けると異世界の始まりです。買い取った3棟のタウンハウスを貫くように、北側に一列のダイナミックな展示空間が広がっています。1階両脇を絵画室で挟んでいますが、ここにはピラネージなど、ソーンお気に入りの廃墟やファンタスティックな絵画が壁内に収蔵されています。最初は閉じられた印象ですが、絵を嵌め込んだ壁が開くと、さらに次の絵が待っています。そしてさらに壁が開くと外が見える。閉鎖空間と開放空間の併存は《ソーン自邸》をよく表す特徴です。

　絵画室に挟まれた中央部分は吹抜けを含んだドームやコロネード（柱廊）です。コロネードはソーンが一番頑張ったところではないでしょうか。飾ってあるものは、すべて彼が入手した本物の建築の断片です。そのなかに、満悦の表情をたたえるソーンの胸像が混じっています [fig.6]。

　そして特筆すべきなのは、《ソーン自邸》の開放空間を実現しているトップライト＝ラ

1. ホール
2. 階段室
3. ダイニング・ルーム
4. 図書室
5. 書斎
6. ドレッシング・ルーム
7. 絵画室
8. コリダー
9. コロネード
10. ドーム
11. 新絵画室
12. 控え室
13. 朝食室

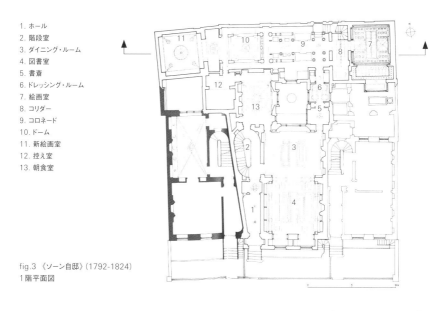

fig.3 《ソーン自邸》(1792-1824)
1階平面図

fig.4 同、建替えの様子（左から1796年頃、1810年頃、1822年頃、1837年頃）

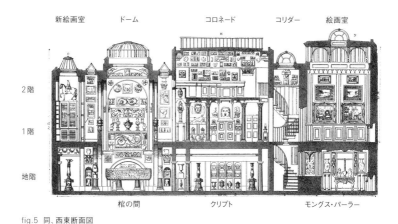

fig.5 同、西東断面図

fig.3-5 出典:「磯崎新＋篠山紀信 建築行脚11」(六耀社、1989)★c

ンタンの特質です。金属とガラスで出来たそれらはさまざまな部屋に設置され、産業革命後の光をこの建物に取り入れています。さらにそのトップライトの多種多様な形も特筆すべきです。各時代の断片的な様式の展示に合わせるかのように、トップライトの形状もさまざまであり、それらを組み合わせた天井は、これも折衷的な美学に基づいているように思えます。薄いアーチが架かる新鮮な光のなかを歩きながら、すべてが建築の迷宮に漂うことを楽しんでいるかのようです。ヴィクトリア朝的な光によって歴史様式の断片が等しく照らし出されています[**fig.7**]。

　次に見るのはガンディーによる、《ソーン自邸》を描いた透視ドローイングや断面ドローイングです。これらを見ると、ソーン、そしてガンディーのやりたかったことがよくわかります。《ソーン自邸》では、時代も地域も違う各様式の断片が集積して全体を構成しており、その妙味がジョン・ソーンの力量なのです[**fig.8**]。

　その構成は、柱梁構造のフラットな躯体を基本としています。つまり、構法自体はすでにプレーンな近代的なものになっていて、無個性化されています。また、この躯体はすべての様式の断片から切り離されています。ここが重要で、このフラットな躯体によって各様式の文化的重みは消えてしまっているのです。後には博物館的平等性が残りました。

　このように、《ソーン自邸》では、ネオ系の反復が無効化され、各種様式が近代的な光のなかで文脈を洗い流され、自由に配置され、展覧されるという折衷主義のなかの運

fig.6 《ソーン自邸》　ソーンの胸像のある部屋

fig.7 同、ドーム上部のトップライト

fig.6,7 撮影：篠山紀信　出典：『磯崎新＋篠山紀信 建築行脚 11』（六耀社、1989）

fig.8 ガンディーによる《ソーン自邸》のドローイング

動が読み取れるのです。折衷主義に潜在している均質性、交換可能な世界を、よく体験することができます。

≫異質な様式をどうやって混在させられるのか

なぜ異質な様式が混在できるのかという問題について、この講義なりの答えを建築以外の知識から求めてみましょう。取り上げるのは〈新聞〉です。

政治学者ベネディクト・アンダーソン（Benedict Richard O'Gorman Anderson, 1936-2015）の『想像の共同体』（1983）★ᴰという有名な本があります。これは現在の国家（ネーション）というまとまりを人々が理念として獲得したのはいつ頃かということを分析した本で、現在の社会を知るうえで全学生必読です。

そのなかで彼は、18世紀頃、つまり〈国民国家（ネーション=ステイト）〉の発生と同じ時代に出来た新聞というシステムがそれを象徴しているのではないかと述べました。なんとも唐突に聞こえますが、大変うまい例示です。彼は、建築をにぎわすさまざまな装飾に象徴されるように、新聞の紙面に寄せ集められた記事が、互いになんの脈略もないはずなのに、そこになんらかの共時性が感じられてしまうことを指摘しています。それ自体

が、すでに特定の空間をつくり上げているのです。互いに出会うことのなかったはずの装飾は、ある均質な平面（＝新聞紙）の上によってのみ、共通の時間や空間を事後的につくり上げたというわけです。

なるほど、ニュースには国家を演出する効果があります。例えば「台風19号が接近」というニュースがあれば、「沖縄が危ない、広島がんばれ」と思ってしまう。逆にメディアがなかったら、山が噴火しても、2週間後に「東の方で山が噴火したらしい」という程度に伝わってくるだけかもしれない。別の地方での出来事を自分と一体的なものとして共有する度合い、感覚はまさにそれを媒介するメディアの形式によって決まってくるのです。

オリンピックもまさしくそうです。国家の祭典をみんなで見る（はず）ということこそがすでに特定の空間だと言えます。また、新聞は必ずそのときに使用されている主要言語で書かれていますから、その言語を習得した人にしかわからない。つまり、国家を感じ取るにはまず文字が読めなければならない。それゆえ標準語が必要である……。新聞というたとえのうまさがおわかりになったかと思います。

ということで、なぜ異質な様式が混在できるのかという問題に対する私の答えは、背後に新聞という紙や、建築の躯体などの、内容を均質に展覧することができる平面があるからということになります。

≫ピクチャレスク

さて、折衷主義のイギリスで同時期に流行していたのが、人工美ではなく自然美を重視する〈ピクチャレスク〉の庭園づくりです [fig.9]。この庭園づくりは、それ以前の庭園に込められた趣味に反旗を翻すものでした。例えば、《ヴェルサイユ宮殿》は庭園が幾何学的に刈り込まれており極めて人工的です。こうした庭は、自然に内在する純粋幾何学としてのプラトニックな本質を露わにしようとしていたのかもしれません。

しかし、自然美という概念はそれに対して異端的です。またそれは、私たち日本人がなんとなくイメージする優しさ、安らぎ、ヒーリングともずれています。その特徴について、イギリスの哲学者エドマンド・バーク（Edmund Burke, 1729-1797）が、まだ青年の頃に書いた『崇高と美の起原』（1757）という本のなかで言及しています。

自然の中の巨大で崇高なものによって引き起こされる情念——とくにその原因がもっとも強力に作用するとき——は、驚愕（astonishment）である。驚愕とは、ある程度の恐怖によって、すべての動きが停止してしまうような魂の状態である。
　　　　　　　　　　　　　　　　　　　　　　　　——エドマンド・バーク「崇高と美の起源」★E

どうもその〈自然〉とは、かなりスペクタクルなもののようです。卑近な事象でたとえれば、台風とその中継のために現場に立たされたレポーターとの関係のようなものです。自然は荒削りで、突発的な猛威によってその環境を大きく変えます。われわれの力ではどうにもできないエネルギーをもっていて、もはや無力である人間はその猛威に偉大さを感じ、逆に魅力を感じるというのです。これを〈崇高美（サブライム）〉と言います。自然美は、実はパニック的な美に近いわけです。

　そう考えると、崇高美がいかに私たちの世界に強く根を張っているかを感じることができると思います。むしろ、パニック映画などで強調されたかたちで世の中に浸透していると言ってもいいでしょう。そんな現代の「自然美」は、目と耳だけを特権的な感覚の中心に据えるメディアによって、安全な崇高エンターテインメント産業となっています。

　いずれにせよ、イギリス的自然美とは、自然と鑑賞者である人間の分離があり、それによってもたらされる圧倒的なエネルギー格差が関係しています。もちろん勝者は自然です。こうした崇高性に基づいた自然美が、すでに18世紀中盤のイギリスで把握されていたのです。それでは、こんな荒ぶりを背後に隠しもつ自然美思想に基づいてつくられた〈ピクチャレスク庭園〉とはどのようなものだったのでしょうか。

　一般に〈自然式庭園〉と訳されているその庭園は、先のヴェルサイユのようなプラトニックな幾何学庭園とは対照的なものでした。まるで人の手が入っていないかのような風景を、人工的につくり出そうとする庭園です。17世紀頃から発生しはじめたと言われています。

　その代表的な庭園である《ストウ庭園》（17世紀以降、イングランド中央部）や《ストウ

fig.9　ピクチャレスクの庭
Lechona (CC BY-SA 3.0)

ヘッド》（18世紀以降、イングランド南部）は、いずれも貴族の所有する広大な敷地に多くの芸術家を招き、絵画、建築、そして庭園の理想世界を目指したことで共通しています。

　そしてこの思想に従ってつくられたピクチャレスク庭園の面白い特徴は、そのなかに点景として60パーセント縮小くらいの古典建築や、廃墟になった建築がわざわざ置かれていることです。それは、庭園に時間の表現を取り入れるためであり、また、人工物としての建築物と、自然物の崇高性を対照的に表現することを目的としていました。

　建築を用いて時間や崇高性を表すこの方法は、17世紀以降、英国貴族の間で流行した風景絵画の手法が寄与していそうです。クロード・ロラン（Claude Lorrain, 1600頃-1682）による風景画などがその代表例です。クロード・ロランはフランス人ですが、彼はもっぱらローマで活躍しました。古代遺跡が当時の都市に残るローマこそ、そのような時間が表現された風景としてユニークな存在でした。こうしたことが、イギリス人建築家による「ピラネージ詣で」につながります。

　ピラネージは18世紀イタリアの銅版画家ですが、連作《牢獄》などのイマジネーションと廃墟趣味が溢れる版画によって当時から有名で、また現在の芸術家たちにも常に大きな影響を与えています★1 [fig.10]。彼によるローマの、想像的復元図集『カンプス・マルティウス（Campus Martius）』（1762）が、イギリス（スコットランド）の建築家ロバート・アダム（Robert Adam, 1728-1792）の出資によって出版されたくらい、イギリス人のピラネージへの偏愛は凄まじいものがありました。

fig.10　ピラネージ〈ローマの景観：フォロ・ロマーノ〉（1775頃）

fig.11 ガンディーによる、廃墟になった《イングランド銀行》のドローイング

　そのピラネージの描いたローマの都市では、まるで映画『エイリアン』(1979)★^Gの冒頭に登場する地球外生物によって建造された宇宙船のように、もはや自然と一体化し、人間がつくったのかどうかも定かではなくなった——もしかしたら宇宙人がつくったのかもしれない——巨大な古代遺跡のなかに、その当時のローマの人々が遺跡の壁を使うようにして家を建てているのです。

　このような自然と人工、過去と現在の対比は、いわゆるピクチャレスク庭園の着想の源のひとつです。ピクチャレスクは自然だと言いつつも、訪れてみると、とてもSF的です。マニエリスム時代に登場したグロッタと同じように、そこでは時間がテーマとして扱われているからです。イギリスの1960年代のTVシリーズ「プリズナー No.6」も、SFでありながら主人公が生活する正体不明の場所はまさにピクチャレスク庭園の風景でした。

　伝統的な建築や廃墟を扱っていても、そこに時間を操作しようとする意識が隠れているように鑑賞者が感じると、その風景は途端につくりもの、つまりフィクションの世界に見えるわけです。これと同じ感覚を、18世紀以降のイギリス人の趣味者が獲得していたことは先見的なことだったと思います。そう言えば、日本でもその1世紀ほど前に、このような時間表現を内包した建築として《桂離宮》がありました★²。当時の日本においては、この建築は突発的な存在だったと思います。

　さて、ピクチャレスクがもたらした時間表現の流れは、ジョン・ソーンの時代の建築家にもつながっています。彼の代表作は《イングランド銀行》(1818)という、大規模な銀行建築でした。ソーンお得意のプレーンな浅い浮き彫りを用い、それまでの様式の深い彫りと一線を画した軽快な空間をつくっています。この空間の性格は近代建築とほとんど変わらない、とてもモダンなものです。彼はまた竣工と同じ頃に、廃墟になった《イン

fig.12　廃墟になった《つくばセンタービル》のドローイング
© Arata Isozaki

グランド銀行》の様子をガンディーに描かせています [**fig.11**]。これが当時の SF です。恐るべき構想力だと思います。

　磯崎新はジョン・ソーンに倣って、《つくばセンタービル》(1983) を設計した際に廃墟を描かせています [**fig.12**]。さらに三分一博志 (1968-) は最近本物の廃墟をつくってしまいました。《犬島精錬所美術館》(2008) [**第12回 fig.25**] です。昔の工場跡を残しながら部分的に美術館を挿入しているのですが、ソーンの廃墟の絵を参考にしているようにしか見えません★ᴴ。

　折衷主義は、現代の私たちにまったく関係ない美学のように考えられています。しかし、彼らが当時の様式の廃墟のなかで、「様式の死」を意識しつつ、なお創作を繰り広げていたとしたらどうでしょうか。そのような創作態度は、どこか建築存在の意義が弱くなっている現代と類似したモードとしてわれわれのなかに生きているのではないでしょうか。

　最後に、『ブレードランナー』のラストをお見せします。レプリカントの死を描いたシーンです。最期の言葉、そして彼の手から白い鳩が解放されて曇天に飛び立っていくシーンの悲しみは尋常ではありません。このレプリカントの立場こそが折衷主義の本質です。

I've seen things you people wouldn't believe.

Attack ships on fire off the shoulder of Orion.

I watched C-beams glitter in the dark near the Tannhäuser Gate.

All those moments will be lost in time,

like tears in rain. Time to die.

いろいろな景色を見てきた　お前たち人間には信じられまい

オリオン座の神影の肩で炎を上げる戦闘艦

タンホイザーゲートの闇を貫く光線

そんな記憶のなかの瞬間もみな、時とともに消える

雨のなかの涙のように　死がやってきた

（著者訳）

★1　中谷礼仁「ピラネージ、都市の人間」（『セヴェラルネス＋』★F、p.129）参照。
★2　中谷礼仁「クリティカル・パス　桂の案内人」（同、p.31）参照。

参考文献・資料
★A　日本建築学会『西洋建築史図集』（彰国社、1981）
★B　映画：『ブレードランナー（Blade Runner）』（リドリー・スコット監督、1982）
★C　磯崎新、篠山紀信ほか『磯崎新＋篠山紀信　建築行脚11　貴紳の邸宅 サー・ジョン・ソーン美術館』（六耀社、1989）
★D　ベネディクト・アンダーソン『定本 想像の共同体──ナショナリズムの起源と流行』（白石隆、白石さや訳、書籍工房早山、2007［原著 *Imagined Communities: Reflections on the Origin and Spread of Nationalism*, 1983]）
★E　エドマンド・バーク「崇高と美の起源」（大河内昌訳、英国十八世紀文学叢書4『オトラント城／崇高と美の起源』研究社、2012［原著 *A Philosophical Enquiry into the Origin of Our Ideas of the Sublime and Beautiful*, 1757]）
★F　中谷礼仁『セヴェラルネス＋──事物連鎖と都市・建築・人間』（鹿島出版会、2011）
★G　映画：『エイリアン（Alien）』（リドリー・スコット監督、1979）
★H　「犬島アートプロジェクト『精錬所』」（『新建築』2008年6月号）

第 5 回

産業革命と万国博覧会
20世紀直前の世界建築

　今回の講義は、〈産業革命〉と〈万国博覧会〉がテーマです。このあたりからいわゆる近代に入っていきます。建築家たちによる〈モダニズム〉建築が主流になるひとつ前の時代、つまりその前提となるような時代ですね。私は、旧来の建築と新しい技術革新が拮抗しているこの時代が非常に面白いと思っています。万国博覧会と言えば、新古典主義を扱った第3回講義で、ルドゥーによる《製塩工場》の系譜につながる存在として1867年のパリ万博を紹介しましたが、今回はそこに技術革命を加えた続編でもあります。

　これから紹介する重要な建物は、博覧会建築としての《クリスタル・パレス》(1851)と《エッフェル塔》(1889) です。19世紀に登場した新しいビルディングタイプとして、博覧会建築を外すわけにはいきません。博覧会建築の衝撃から建築の大変動が起こり、次の世代の建築に展開していったからです。産業革命についてはこれまでにも学んでいると思いますが、ルネサンスを超えた技術革命の時代であり、さまざまな科学者が熱機関などの新しい装置を現実に適用させていった、まるでSFのような時代なのです。

》産業革命
　産業革命とは、18世紀から19世紀にかけて起こった、動力源に新しい内燃機関を利用し、工場制機械工業を導入することで生じた産業構造の変革と、それに伴う社会の変化のことを指します。その時代に建築が変化を促されたことを現代に置き換えて考えると、ITなどの情報産業の隆盛によって、建築の形が強い意味をもたなくなったり、新しいビルディングタイプが誕生したりすることに対応するでしょう。連続点もかなりあります。

　さて、産業革命の特徴としては、
・生産の中心が、家内制手工業から蒸気機関等を用いた機械による生産体制に変わった。

・その結果、生産量が爆発的に増大し、人力を生産基準とした体系を大きく離れ、生産の質の変化、階級や人間の役割の変化をもたらした。

という2つが挙げられます。ここでの重要な事件として、労働者の誕生があります。労働者が職人と異なる点は、技術はもとより自分の道具すらもたないところです。余談ですが、私もここでは労働者のひとりです。自分のパソコンに入っている情報のことを考えると職人と言えなくもないですが、とりあえずこの与えられた部屋の施設を使わないと200人の受講生を前に効果的な講義ができません。

さて、産業革命の時代から機械での生産が基本になり、生産装置は工場主や会社の所有となります。その結果、そこに勤める人間は自らの肉体的能力、知的能力を売って生活することになるのです。

また、1712年のトマス・ニューコメン (Thomas Newcomen, 1664-1729) による蒸気機関の発明は、その後100年を経て、とてつもない規模での機械による生産を実現させました。機械は基本的には円環構造で、例えば、古代の糸より機は手で回すことによって動力に変換されます。それが、蒸気機関の利用とともに莫大なエネルギーが動力源となりました。蒸気機関は当初、実用化が難しかったのですが、50年ほど経つと次第に商業化されていきます。《ソーン自邸》(1792-1824) がつくられた時代と、ジェームス・ワット (James Watt, 1736-1819) が蒸気機関を完成に近づけた時代は、ほぼ同時期になります。

こうして実用化が進んだ蒸気機関はまず紡績に使われました。それ以前の紡績機に、手動あるいは水車などに取りつけることで動かす「ジェニー紡績機」がありました。これは、単体の機械で大きな生産力を得る仕組の原型となりましたが、その高い生産性ゆえに、ラッダイト運動（機械破壊運動）を引き起こしました。紡績機の登場によって糸の値段が大幅に下がり、手作業の人々はその労働対価が低下してしまったからです。自分の労働時間が無価値になりかねないという産業革命の負の側面が、民衆を破壊行動に駆り立てたのです。しかし、こうしたラッダイト運動は一過性の問題でした。紡績機は蒸気機関と結合して、さらに肥大化していきます。その結果として、生産過程の主要部は機械で行われ、人間は工程を管理する程度の存在となるのです。

さらに建築史的に重要な点は、建築が新しい動力とその生産物のためにつくられるようになったことです。《製塩工場》の頃から、工場という新しいビルディングタイプが建築として認識されることになったわけですが、産業革命はそれをさらに推し進めました。現在、地球上の半分以上の建築は機械のために存在していると言えるかもしれません。

例えば《国会議事堂》は人間が政治という儀式を行うための建物ですが、オフィスビル
は曖昧です。オフィスとは、人間の生物的な振る舞いが制限されている場所、つまり人
間がなかば機械となることで生産工程に参画する場所だからです。ここから工場建築
への距離は遠くありません。

　一方で、労働者の家は休むことさえできればよくなります。都市部では急速に住まい
が狭くなり、老人が不要になって、伝統的な村落共同体の紐帯は分断され、その結果、
いわゆる核家族が増えていきます。そして、夫婦と子どもという2世代のサイクルを中心
として家が完結するようになります。これがさらに進むと、1世代のサイクルのみで終わ
る場合もあります。その当時の劣悪な労働環境では、もはや家ではなくひとつの部屋に
複数の家族が詰め込まれるという状況さえありました。

》鉄と鉄筋コンクリートの建築の登場

　19世紀中盤から行われはじめた万国博覧会では、新しい機械が人気アトラクション
になりました。ここでは巨大な動力機械と、そのエネルギーの崇高さを見物する人間と
いう構図が生まれています。また燃え盛る炎も、気持ちを高ぶらせるものです。《夜の
コールブルックデール》という絵には、夜も眠らず火を吐いている製鉄工場の様子が描
かれています [**fig.1**]。そもそも製鉄所は鉄の融点まで温度を上げるためにかなりの時間
を要すため、一度点火したらそのままで、火を絶やすことはありません。北九州の製鉄所
での鉄鋼生産が終わりを迎えたとき、火を落としたことが大きなニュースになったのもこ
れが理由です。それほど、産業革命や鉄工業において燃え続ける火は重要な存在で
した。

　絵の舞台となっているコールブルックデールはイギリス中部の鉄工の街として栄えた

fig.1　フィリップ・ジェイムズ・ド・ラウザ　バーグ
《夜のコールブルックデール》(1801)

場所です。ここには、世界遺産にもなっている世界初の鉄橋《アイアン・ブリッジ》(トマス・ファーノルズ・プリチャード原案設計)があります[**fig.2**]。開通は1781年(竣工は1779年)、長さは約60mでアーチの持ち出しが中央で結合されており、その当時の工学の水準の高さを見ることができます。現在では、鉄は主に引張材に用いられますが、この橋では構造の流れを推測するとアーチを支える圧縮材として用いられています。その主要因として、当時製造されていた鋳鉄が現在の鋼鉄に比べて炭素を多く含んでいたため、引張材としては使用できなかったからという説もありますが、あるいはまだ構造力学が未発達な段階であったからかもしれません。

いずれにせよ、力の伝達を、鋳鉄の素材特性を工学的に考えた結果であることは確かだと思います。そういう目で眺めると、最低限の装飾を与えながら、細部の連結もよく考えられています。当然鉄なので現場生産もできませんから、プレファブリケーションのための規格化も必然的に考えられているでしょう。

《アイアン・ブリッジ》が完成したのは1779年ですが、半世紀も経つと建築における鉄素材の使い方は進化していきました。ウジェーヌ・エマニュエル・ヴィオレ=ル=デュク(Eugène Emmanuel Viollet-le-Duc, 1814-1879)は最初期の保存建築家でもありますが、一方で彼の新プロジェクト案では細い線材を使用した無柱ドームの架構といった現代的な提案がなされています[**fig.3**]。ここでは、鉄はおそらく炭素含有量のより少ない錬鉄になって引張材として考えられています。つまり、当時の折衷主義や様式建築が展開する裏側では、着実に技術革新が進んでいたのです。

ローマ帝国で発明されたコンクリートの技術革新が大きく動き出すのもこの頃です。鉄筋コンクリートの発明です。鉄筋コンクリートは、鉄筋が引張を、コンクリートが圧縮を担当することで画期的な発明となった構造素材です。これは両者の熱膨張率がほぼ

fig.2　ウィリアム・ウィリアムズ《コールブルックデールのアイアン・ブリッジ》(1780)

fig.3　ウジェーヌ・エマニュエル・ヴィオレ=ル=デュク『建築講話』[★A]に掲載されている架構案

同じという偶然が幸いし、実現しました。しかし、当初はそんなことは考えられていなかったでしょう。ジョセフ=ルイ・ランボー（Joseph-Louis Lambot, 1814-1887）が1855年の第1回パリ万国博覧会に出品した鉄筋網補強コンクリート製ボートが最初の試みです。そもそも建築素材ではなかったのですね。

　その後、庭師であったジョゼフ・モニエ（Joseph Monier, 1823-1906）は1867年に、鉄網をベースにしたコンクリート製の植木鉢で特許を取得、そこから発展して1880年には鉄筋コンクリート造耐震家屋を試作し、翌年には鉄筋コンクリート床の発明でも特許を取得しました。その後、ドイツのG・A・ワイス（Gustav Adolf Wayss, 1851-1917）らが1886年にその構造計算方法を発表し、実際に橋、工場などを設計しました。こうした経緯を経て、19世紀末には鉄筋コンクリートが建築で展開されました。

》万国博覧会

　19世紀、西洋では近代技術の日進月歩が続いていました。近代技術を育成する国が先進国になりえたわけです。これらを背景にして西洋社会のみならず世界各地の生産物を展示交流、貿易促進させる国際博覧会構想が現実化していきます。現在の国際博覧会は、国際博覧会条約（BIE条約）に基づいて複数の国が参加し、行われていますが、1849年に当時の二大先進国のうちのひとつであったフランスの首相が提唱したものが原型となっています。

　その記念すべき第1回目の博覧会が、2年後の1851年、当の対抗国だったイギリスのロンドンで実現されました。これが万国博覧会の始まりです。さぞフランスは悔しかったでしょうね。また、日本から初めて万国博覧会への出展があったのは、1867年のパリ万国博覧会でした。

　万国博覧会の変遷は以下のとおりで、かなり活発であったことがわかります。

1851年　ロンドン万国博覧会（第1回）、《クリスタル・パレス》

1853年　ニューヨーク万国博覧会

1855年　パリ万国博覧会（第1回）

1862年　ロンドン万国博覧会（第2回）

1867年　パリ万国博覧会（第2回）

1873年　ウィーン万国博覧会

1876年　フィラデルフィア万国博覧会

（中略）

1889年　パリ万国博覧会（第4回）、《エッフェル塔》

1893年　シカゴ万国博覧会、《鳳凰殿》

　さて、万国博覧会の会場に課された建築的課題は革命的なものでした。その建築的テーマは2つあります。ひとつ目は「世界を収容する建築はいかにあるべきか」です。19世紀の万国博覧会はモノの展示を通して各国が工業力を競う場であり、会場の建造物も重要な役割を担っていました。その際、世界を表現するためには既往の各様式建築ではいずれも不十分でした。また極力、地域性を出さずにフラットなものにすることが望まれたはずです。2つ目は「簡単に建造・解体可能な大建築は可能か」という課題です。特に解体可能というのは、過去の建築概念では決してありえなかったテーマです。

　そして、これらまったく新しい性格の2つの課題に対して見事に応えたのが、第1回目のロンドン万国博覧会における《クリスタル・パレス》でした。同建物は博覧会期の6カ月を経過後、解体され別の地で再建造され、動物園やプールなどレジャーランドのような多目的施設となりましたが、残念ながら1936年に焼失してしまいました。もしこれが残っていたとすれば、はかりしれない価値をもつ地球の遺産となっていたことでしょう。

》《クリスタル・パレス》

　《クリスタル・パレス》はその主要部分がガラスと鉄骨によってつくられた建物です[**fig.4,5**]。設計者のジョセフ・パクストン（Joseph Paxton, 1803-1865）はもともとは庭師で、貴族たちの間で流行していた南洋植物の育成に対応しているうちに温室専門の設計者となった人物です。いまで言うランドスケープ・アーキテクトが建築家に発展したと考えればわかりやすいと思います。

　この建築も温室の構法技術を応用してつくられました。幅約560m、奥行き約125m、高さ約40mという大規模な建造物をたった9カ月でつくり上げたことを考えると、その技術は現代の常識をも上回るのではないかという印象さえ受けます。長方形平面のX軸を世界各国、Y軸を展示分野の種類としています。これによって「世界」が展示されたわけです。

　また、規格化建築でもあり、同じ材料、断面構法を用いることによって大規模に空間を増殖させることが可能となっています。内部は南洋植物に溢れています。それまでの建築の視点からするとまったく新しい空間ですが、パクストンが温室の設計者であったことを考えると不思議ではありません。温室に植物のみならず人間と機械を入れるとい

う価値観の転換によって、新しい建築像が生み出されたわけです。

　パクストンが開拓者となった植物用温室では、環境調節が必須です。これが温室独特のガラス空間を生んだわけですが、注意したいのは温室を建築として見た場合、それは同時に初めての環境建築になっているということです。温室は構造が反復され、環境を調節したいエリア一帯を無性格に覆うことが可能です。このことが建築の解体を圧倒的に容易にすることにつながったのです。さらに面白いことは、彼が蓮の葉脈から軽量で強い鉄材の組み方のヒントを得たということです。この蓮はヴィクトリア・レギア（当時の学名）というものであったそうです。博覧会開催当時の内観の様子を描いた絵が残されていますが、整然と並んだ世界の万物のなかを来館者が歩いています [**fig.6**]。この

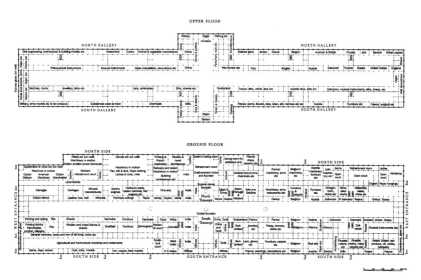

fig.4　ジョセフ・パクストン《クリスタル・パレス》(1851) 平面図

fig.5　同、外観

fig.6　同、内観

均質的な空間は極めて近代的なものです。

　実物を見ることはできませんが、大友克洋監督 (1954-) の映画『スチームボーイ』
(2004)★Bには《クリスタル・パレス》が描かれています。外ではクーデターが起ころうと
しているにもかかわらず、中ではヴィクトリア女王が博覧会の開会を宣言しようとしてい
ます。この環境の断絶に近代空間が象徴的に表されています。

　残念ながら《クリスタル・パレス》は移築後、消失してしまいもうありませんが、われわ
れにはキューガーデンの《パーム・ハウス》(1848) が残っています。

》《パーム・ハウス》

　この建物も、元庭師が設計しています。リチャード・ターナー (Richard Turner, 1798-
1881) によって《クリスタル・パレス》以前に建てられた温室です [**fig.7**]。いまでは世界
遺産となっています。とても美しいので、ロンドンに行った際には是非訪れてください。

　内部に入ると、鉄とガラスで出来た温室の環境建築らしさを実感できると思います。
結露がミクロな滝のように流れてくる窓からのぞく冬のロンドン [**fig.8**]。近いのに遠い、

fig.7 リチャード・ターナー《パーム・ハウス》(1848) 外観

fig.8 同、寒暖の差によって生じた結露

fig.9 同内観(左)と《タッセル邸》内観(右)
fig.7-9左 著者撮影

暖かいのに寒いという不思議な感じです。このような環境体験は、新古典以降の〈ネオ〉系の反復様式ではまったくテーマとしてもつかまえられないものでした。

　ここではガラスと鉄という当時の産業技術によってもたらされた新しい空間の質を体験することができるのです。そして内部の鉄骨に南洋植物の葉やツタが絡まっているのを見たとき、あの建築家もこんな空間を訪れたんだということがよくわかりました。その建築家とは、〈アールヌーヴォー〉の主導者ヴィクトール・オルタ（Victor Horta, 1861-1947）です。

　太さの異なる金属材を組み合わせた彼の代表作《タッセル邸》（1894）の内部造作は、アールヌーヴォーの先駆的作品として大変名高いものですが、先駆と言うにはあまりにも完成度が高いため、昔から不思議に思っていました。しかしその理由は、彼が温室の鉄と植物の関係をほとんど直写したことにあったのです［**fig.9**］。幽霊の正体見たり南洋温室というわけです。

》パリ万国博覧会（1867）

　イギリスにしてやられたフランスが盛り返すのが1867年のパリ万国博覧会です。パリ万博の会場は、のちに建設される《エッフェル塔》が隣接するシャン・ド・マルス公園です。その博覧会場の形は地球そのものの丸い形をしていました。ルドゥーの《製塩工場》ともそっくりです［**第3回 fig.5-7**］。現在の公園にもその跡がデザインされているので地図で確認してください。博覧会場は中央をフランスが占め、そのほかフランスの植民地各国、ベルギー、ドイツ、アイルランド、イギリス……と当時の列強が軒を連ねました。

fig.10　パリ万国博覧会（1867）、会場外
世界各国の建築が建ち並ぶ

当時の国力が会場面積に表れています。

　そして、このグローブ状の博覧会場の外側には、民族村とでも言うべきテーマパークが計画設置されました [**fig.10**]。ここで世界各国の建築が展示され、そのなかで出展国の民族が自らを展示したわけです。日本からはサムライ、桶回し、芸者などがいたことが当時の新聞記事からわかります。このあたりから、日本人に対するステレオタイプが生まれたのでしょう。またこれと同じ位相、つまり擬似世界を楽しむものとしてごく初期の水族館もつくられました。万国博覧会では産業革命の技術によって再び世界が再編成され、擬似的に世界がつくられたのです。

　私はヨーロッパの国を訪れる際には、暇があると動物園に行くことにしています。というのも、かなりの確率で万博会場が動物園に転用されているのです。ハンガリーの博覧会で建てられたモスクは、象舎となって残っていました。動物園も動物界の縮図を表すものなので、強い共通性があるのだと思います。

》シカゴ万国博覧会（1893）

　さて、続いては日本がモダニズム建築に影響を与えた重要な博覧会の話に移ります。シカゴ万国博覧会では日本館の設計にあたって、日本人大工を現地に向かわせました。そして彼らによって本格的な日本建築が建てられました。それが《鳳凰殿》[**fig.11**]です。当時の大工の動きや木造の架構は驚異的に美しかったようで、モダニズムにおける日本神話が生まれた源のひとつとなりました。例えば、フランク・ロイド・ライトも《鳳凰殿》に影響を受けています。日本の寝殿造り的プランは、彼にとって啓示的な位置を占めるようになりました。

　また、その後1904年に行われたセントルイス万国博覧会で建設された同様の日本館

fig.11 《鳳凰殿》（1893）

（松楓殿）は、薬の成分タカジアスターゼの発明で有名な高峰譲吉博士によって買い取られ、ニューヨーク近くの彼の別荘地に移築されました。私が訪れた当時は日系アメリカ人の方が所有し改築を行っていました。地下倉庫に潜って床材を下から見ると、見事に「SAINT LOUIS, U.S.A.」のシールとともに、横浜港から運ばれたことや、展示スペースが表記されており、確かに本物であることがわかりました。また、アメリカにおける〈アーツ・アンド・クラフツ運動〉を推進したグリーン兄弟の設計によって1908年にロサンゼルス北部のパサディナに建てられた《ギャンブルハウス》を見ると、木組など日本建築の要素が取り入れられ、影響を受けていることがわかります。

≫《エッフェル塔》

　最後は建築技術者と建築家が《エッフェル塔》をめぐって起こした抗争の話をします。ギュスターヴ・エッフェル（Alexandre Gustave Eiffel, 1832-1923）という人物は、建築技術者を養成する教育機関であったエコール・ポリテクニークの受験に失敗し、第2希望であったエコール・サントラルに入学しました。卒業後、鉄道敷設に従事したのがきっかけで、鉄製の橋梁など多種の産業用鉄骨建築設計で頭角を現しました。その後、施工会社をつくり自らデザインも行いました。当時のフランスではボザールで養成された建築意匠家のほうが建築技術者よりも地位が高かったのです。しかし、産業革命で技術が爆発的に進展しているときでしたから、その地位は逆転する恐れがありました。

　《エッフェル塔》の公式的な記録では、設計者がステファン・ソーヴェストル（Stephen

fig.12 《エッフェル塔》（1009）
著者撮影

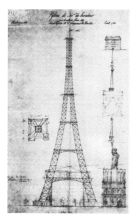

fig.13 同、ケクランによる初期案

fig.14 同、ソーヴェストルによる変更案

fig.15 同、最終案

Sauvestre, 1847-1919)、施工者がギュスターヴ・エッフェルとされています。この写真は朝もやのなかで撮影した《エッフェル塔》ですが、是非建築的な目で眺めてください[**fig.12**]。細い線材で構成された構造は繊細かつ大変ダイナミックです。私は美しいと思いました。

　さて、《エッフェル塔》原案にまつわる技術者と建築家の間で起きた抗争を見てみましょう。

　最初の構造案では、300mの塔が要求されました。この高さへの挑戦では、構造的に風圧にどう耐えるか、またはどう逃がすかという課題が生じてきます。そこで、エッフェルのもとで働いていた技師モーリス・ケクラン（Maurice Koechlin, 1856-1946）が4本の「割り箸」構造とでも言うような案を提示します[**fig.13**]。彼は風圧に耐えるために四角錐の辺ごとにトラスで組んだ「柱」を配置して、それによって風圧に耐えようとしました。また、その柱はトラスで組んであるので、容易に風を逃すこともできます。その結果として4本の割り箸を空中でつかむような形状となったのです。

　しかし、この案を建築美学として好ましくないと考えたソーヴェストルによって、アーチの土台の上に鉄骨の「4本箸」を載せる構造が提案されました[**fig.14**]。この時代、建築家と言えばアーチです。つまり、建築家が考えたアーチ構造を土台にして、エンジニアの華奢な「箸」が載るという案です。

　当然ながら、ケクランの雇用主であるエッフェルとソーヴェストルは揉めました。協議の結果、現在見る最終案に至ることとなりました[**fig.15**]。その姿を眺めると、どうやら箸

fig.16 《エッフェル塔》工事過程

＝技術者の勝利がうかがえるでしょう。

　そして、技術者の勝利がより明瞭に表れているのが、エッフェル専用の実験室が塔の一番高い位置にあったことです。国が催した万博の施設であるにもかかわらず、老年のエッフェルの個人的興味を追求することになった場所でもあったのです。現在ではこの部屋のある最上階まで有料で上ることができますので、建築学生の皆さんはきちんと上ってください。鉄骨とガラスのなかにエッフェルの実験室が見えるでしょう。空間の半分にはピアノとテーブルが置かれた居間と、キッチンが設けられています。もう半分の空間にはいくつかの実験室が設けられています。松浦寿輝『エッフェル塔試論』と照らし合わせながら見てみましょう。

四階に当たるフロアに、エッフェルは、外にテラスをめぐらせた四つの大きな部屋を作って、そのうち一つを自分専用のアパルトマンとした。……他の三つの部屋は実験室にして、第一のものは天文学に、第二のものは物理学と気象学に、第三のものは生物学と「空気の顕微鏡学的研究」に、それぞれ割り当てることとし、……エッフェルはこの四階のアパルトマンを書斎、居間、化粧室の三つに区切って使い、ラブレー通りに構えていた大邸宅から毎日のように「出勤」してきては、そこで義務に縛られない自由な時間を享受していたという。……彼が得たのは、「フランス民間技師の栄達」そのものを体現している最高の「地位（シチュアシオン）」なのである。

——松浦寿輝『エッフェル塔試論』[c]

fig.17 同、エッフェルの部屋

　このフロアのなかで彼がいた空間は、本当にSFのような空間でした [**fig.17**]。松浦氏の言葉を借りれば「外から眺めた場合には文字どおりの一点、突き刺さるような鋭角の尖端に位置する広がりのない幾何学的な点」、つまり地上から誰も見ることのできない場所を、エッフェルは万博の施設を利用してつくり上げてしまったのです。折衷様式によるこれまでの建築様式の解体から、再びモダニズム様式によって建築が再統合されるまでの間で、工業家の夢がそのままに現れた一瞬の端境の出来事でした。

参考文献・資料
★ A　ヴィオレ=ル=デュック『建築講話Ⅰ』(飯田喜四郎訳、中央公論美術出版、2004 [原著 *Entretiens sur l'Architecture*, 1863-72])
★ B　映画：『スチームボーイ』(大友克洋監督、2004)
★ C　松浦寿輝『エッフェル塔試論』(筑摩書房、1995)

Ⅱ

モダニズムの極北

20世紀芸術運動と建築

第 6 回

基 準 ・ 空 間 ・ 構 築

ミース・ファン・デル・ローエ

　ここから〈モダニズム〉の話に入っていくわけですが、その前に皆さんには、幻の映画と言われる『スローターハウス5』（ジョージ・ロイ・ヒル監督、1972）★Aを見ていただきました。いかがだったでしょうか。記憶の編年が整理できず、過去、現在、未来の出来事が偶発的につながってしまう男の人生を描いた映画でした。私は子どもの頃に偶然テレビで見たのですが、多少人生観を変えられてしまったように思います。

　この映画は、編年的な時間の順序が人の記憶のなかでは不安定なものであることを利用して成立しています。ではなぜ、この映画がモダニズムを考えるうえで重要なのでしょうか? それは、時間順序の乱れたこの物語が、映画の制作過程そのものを反映したかのようにして成立しており、まさに映画それ自体の時間を表しているからです。

　もう少し一般的な文脈で説明しましょう。関連する論考として、ヴァルター・ベンヤミン（Walter Bendix Schoenflies Benjamin, 1892-1940）の「複製技術時代の芸術」（1936）★Bを挙げることができます。詳しくはこの論文にあたってほしいのですが、ひとまずここでは近代的芸術として、複製芸術の重要点を2つ紹介しておきましょう。

　ひとつは、映画では編年的順序、因果律は編集によって成立しているということです。映画撮影の現場では、映画の始めから終わりまで時系列順に撮影を行うわけではありません。経済性も考慮して、同じ場所のシーンであれば、物語の進行とはまったく異なる段階にあるシーンでも続けて撮影したりします。俳優たちは、物語の全貌を把握していなくとも、その場その場でセリフをちょっと覚えて演じてもいいわけです。

　つまり、映画のなかの安定した時間の進行は編集によるものなのです。それが当然のように私たちは映画を鑑賞していますが、自分で映画を撮影、編集してみれば、自然な時間の流れをつくり出すことが、実は意外に難しいものだということがわかるでしょう。言い換えれば、編集される以前の素材は、意味を与えられる以前の、前価値とでも言うべき状態にあるのです。この前価値的な状態は、モダニズムが非歴史的であるように見えることを考えるときに示唆的であることはおわかりになると思います。

もうひとつは、記録機器の発達による記録価値の上昇です。録音機器が誕生するまでは、音楽の記録は、例えば楽譜によって行われていました。人間は老いて最終的には消滅してしまいますから、演奏者は更新されます。それゆえ、記録媒体としては永遠にもとの状態を保つと考えられる楽譜を前提として、それをもとに演奏し、鑑賞するという一回性の現場が生まれました（この一回性をベンヤミンはアウラと言いました）。芸能や芸術においてはこれが重要だったのです。楽譜の永遠性と演奏・鑑賞の一回性とが幸福に結ばれていました。

　しかし近代では、録音された音源によって死んだ人の演奏でさえ、まるでその人が生きているかのように何度でも繰り返し聴くことができます。例えば、素人が眼前で演奏する「パープル・ヘイズ」より、私たちは明らかにジミ・ヘンドリックスによるオリジナルの演奏記録を尊重します。マニアが録音環境の悪さも含めて生前の彼の演奏を聴きたいと思うように、近代では過去の記録のほうが生き生きとしている場面も多いのです。

　これは複製技術によって実現したものです。「生きている死んだ人間たち」の記録がわれわれの文化を象徴しています。私たちはそんな宙づりの時間のなかで生きています。『スローターハウス5』の感想を読むと、何人かの学生は気づいていたようですが、主人公の名前である「ピルグリム（pilgrim＝巡礼者）」がその意味でポイントです。つまり、彼は時を行き来する巡礼者、まさに私たちの生きている状態を示しているのです。これは折衷主義における折衷的世界観とこれからお話ししていくモダニズムにおける非歴史性をテクノロジーがつなげている例ではないでしょうか。

》モダニズムの極北・建築と芸術運動

　さて、今日からは〈近代主義建築〉、いわゆる〈モダニズム建築〉の世界に入ります。モダニズムにはいろいろな作家がいて、それをどのように紹介するかは難しいのですが、面白いテーマでもあります。これから3回の講義では、「モダニズムの極北」と題して、なるべく極限的な事象を紹介することにより、皆さんの頭のなかの建築地図を広げてもらう助けになるような講義を行いたいと思います。線をつくるには2つの点、面をつくるためには3つの点が必要です。そのようにしてなるべく基本的な基準となる事象の情報を提示したいと思います。つまり、ある程度大まかに、さまざまな位置に分散していそうな、興味を引く人物とその作品について紹介します。後は、その間に置かれるものを自分で見つけてください。

　一連のモダニズム建築の講義で紹介するのは、アドルフ・ロース（Adolf Loos, 1870-

1933)、ミース・ファン・デル・ローエ (Ludwig Mies van der Rohe, 1886-1969)、ル・コルビュジエ (Le Corbusier, 1887-1965)、未来派のアントニオ・サンテリア (Antonio Sant'Elia, 1888-1916)、ロシア構成主義……などです。逆にここで紹介しないのは大きく2つの条件で採用を見送ったものです。

ひとつは解釈が難しい人です。アメリカの大建築家であるフランク・ロイド・ライト (Frank Lloyd Wright, 1867-1959) がよい例だと思います。彼を紹介しないのは、もちろん彼が優れていないからではなく、彼のスタイルやその構成法が一筋縄ではいかない複雑さや時間的経緯をもっているからです。そしてさらに難しいのは、彼の言葉が極めて抽象的だからです。いつかフランク・ロイド・ライトに挑戦したいと思いますが、私には無理かもしれません。

もうひとつは思想や作風が中庸な人です。これも中庸だからといって優れていないのではありません。中庸とはさまざまな対立するテーマや伏線などを隠しもちつつ、それを作品としてまとめていくという積極的な折衷主義とでも言うような傾向であり、それゆえにその分析には多くの要素が入り込んできてしまいます。その典型的な例として挙げられるのは、アルヴァ・アアルト (Alvar Aalto, 1898-1976) だと思います。オランダのリートフェルト (Gerrit Thomas Rietveld, 1888-1964) もそうかもしれません。というわけで、講義で紹介していない人物こそ、皆さんが自主的に発見して、さらに探索していただければと思います。

さて、前回までの講義では、建築をめぐる社会情勢、政治、経済、思想、宇宙法則の発見などから、各建築様式の成立要因を渉猟してきました。これによって単なる建築紹介ではない、より広い歴史学的視点が得られたと思っています。ところが、モダニズムはそのような外的要因からだけでは語りきれない、狭さと同時に深さがあります。それはモダニズム建築が、外的要因には還元できない自律性や美学を意識的に獲得しようとしたからなのではないかと思います。

また注意していただきたいのは、〈モダン〉と〈モダニズム〉とは違うということです。モダンはルネサンスから含められうる時代区分であり、モダニズムもその意味でモダンの潮流の一部です。しかしモダニズムは、とりわけ現在性 (モダニティ) を明確に意識した思想 (イズム) です。それは産業革命以降、複製技術の誕生以降の世界に見合った建築を構築しようと、当事者自らが意識的に行動した運動なのです。ここで、現実の社会ではまだ実現していない──しかし部分的には確実に生まれている──未来の社会のビジョンが予見的に獲得されていきました。

このようなモダニズム建築に親近性を多くもつのは、社会的背景ではなく、モダニズムという同様の思想のもとで未知のビジョンをつくり出そうとした20世紀の各分野の芸術なのだと思います。建築とその他の芸術運動との相互関係を見ると、モダニズムはわかりやすいのです。

≫折衷主義の廃墟の後で　モダニズムが目指そうとしたもの

先にも述べたように、折衷主義の世界観とこれからお話ししていくモダニズム（近代主義）における非歴史観とはどこかで通底しているはずです。その回路をまず復習しておきましょう。

まずは、「様式を比較可能にさせるものは何か？」という折衷主義的テーマを立てましょう。例えば、《法隆寺》と《アンコール・ワット》はどちらが優れているのか？ これはそもそも歴史的文脈が違うので単純には比較できません。しかし、比較できなければ交換可能な様式にはなりません。比較にはその基準が必要です。

新古典主義の講義（第3回）で申し上げましたが、その基準の萌芽は18世紀の百科全書的な啓蒙時代から現れはじめました。例えば、ロージエ神父は『建築試論』（1753）という建築原論を世に問いました。口絵では天使に教え諭そうとする学問のミューズの指先が、生木で構築された「原始の小屋」へ向かっています [第3回 fig.13]。そして、そのミューズが腰掛けて一顧だにしないのが、それまで大切にされてきたギリシア・ローマ建築のオーダーの装飾的部分です。ロージエはすべての建築に通底する柱、梁、切妻屋根で構成される「原始の小屋」というプライマリーな建築形態を妄想しました。これが彼にとっての建築を比較しその善し悪しを測る基準でした。

さらに直球で建築の比較を試みたのが、パリの技術系大学であるエコール・ポリテクニークの教授であったジャン=ニコラ=ルイ・デュランによる『あらゆる種類の建築の比較対照』（1800）[第3回 fig.14] です。この大部の著作では、ヨーロッパを中心とした世界各地の、さまざまなビルディングタイプが同一スケールで徹底的に並列化されています。ここでは歴史的文脈が抹消され、《パルテノン》などは単なる小さい小神殿にすぎません。そして、この暴力的とも言えるフラット化の作業はその後の折衷主義における様式の交換、再構成を可能にする空間を確保しました。彼にとっての基準とは「スケール」であり、このあまねく照らす基準によって、万物を平等に扱おうとしました。

こうしたことが基準となって、フラットな躯体とさまざまな様式的断片からなる《ソーン自邸》（1792-1824）などが生まれてきたわけです。その一方では、建築界の知らない

ところで、時代の最先端な職業であった南洋植物を育てる庭師が、温室という世界初の環境建築を誕生させてしまいました。その結果、さまざまな植物を収容する温室の手法を踏まえたかのような、世界の文化を収容する建築がつくられました。第5回の講義で取り上げた《クリスタル・パレス》(1851)はその革命を告げる事例になりました。その透明なガラスは、世界の収容物を均質に照らすことになりました。

　これら「原型」「同一スケール (平面)」「透明な光」などは、すべて様式を比較、操作、批評可能にするために生み出されたものです。その結果として反復、手術され続けた様式は、映画『ブレードランナー』のレプリカントのように非業の最期を遂げます。後に残ったものはその様式操作の基準そのものでした。

　次に、「様式後の世界で何をつくるべきか?」というテーマについて考えましょう。それは建築、そして社会をつくり出すための基準づくりにほかなりません。その乱立はまるで規格戦争のようなもので、モダニズム建築とはさまざまな OS (オペレーティング・システム) が並立するかのようでもあります。

　つまりモダニズム建築とは、世界に内在する共通の基準を見つけ、それを形態やシステムとして具体化することによって未知の社会像に追従しようとした建築運動であったと結論づけることができるでしょう。

　それではどのような価値基準がつくられたのでしょうか。まずはアメリカとフランス、2つのモダニズムの事例を見ていきましょう。

》アメリカ的モダニズム、フランス的モダニズム　2本の映画

　最初に見る映画は『To New Horizons』(1940)★^Cです。第二次世界大戦参戦前のアメリカが20年後の近未来を描いた映画であり、当時の世界博覧会のゼネラルモーターズ館で公開されました。一般的に未来の想像図などは陳腐化することが多く、この映画でも未来の発明物の形態はとてもノスタルジックです。ところがそうバカにもできず、ハイウェイの自動操縦などは現在着実に実現化されつつありますよね。このような安定した未来像は、現実をその仮定の像のほうに引き寄せる強大な資本の運動が作用しているのではないかと思わせます。

　次に見るのは『幕間』(1924)★^Dという映画です。映画監督のルネ・クレール (René Clair, 1898-1981) が若い頃につくった前衛的な短編映画で、シュールレアリスムとスラップスティックが合体した傑作です。ピカビア (Francis-Marie Martinez Picabia, 1879-1953) や、マン・レイ (Man Ray, 1890-1976)、マルセル・デュシャン (Marcel

Duchamp, 1887-1968) なども出てきますし、音楽は、同じく映画に出演しているエリック・サティ（Erik Alfred Leslie Satie, 1866-1925）作曲です。20世紀芸術好きにとってはたまらない映像だと思います。

——（**映画鑑賞**）

　さて、いかがでしょうか。『幕間』では、『To New Horizons』とは違って、さまざまな撮影法や音楽をバラバラに組み合わせることで違う空間をつくろうという試みがされています。例えばスローモーションを使用したり、人物を下から撮ったり、ピントをぼかしたりしていますね。ここでは記録された社会とともにその記録装置までもが操作の対象となっており、それによって不安定な時空間の表現が生まれています。

　一方では安定した成長路線によって描かれる大風呂敷の世界像、もう一方はそのような表現行為自体の過程を浮き彫りにして、私たちの個人の主観の構造に切り込んでくるような世界。これらはどちらも極北です。このような例を前提として、次の話に移りましょう。

≫モダニズムはいつ始まったか?

　具体的な事例を紹介していく前に、ひとつ明確にしておかなければならないことがあります。モダニズム建築はいつ本格的に始まったと考えるべきなのでしょうか。それは第一次世界大戦（1914-1918）終結後の廃墟からなのだと考えるとしっくりきます。モダニズム建築の誕生の背景には、西洋世界が互いに爆撃し合って、物質的にも精神的にも空虚が生まれたこと、タブラ・ラサが起こってしまったことがあります。この状況をどのようにして速やかに、社会的事象を編成して乗り越えようか、社会をつくっていこうかというテーマが建築家のなかに降って湧いてきたのだと思います。

　こうした時代背景のもと、プレ・モダニズム期の建築家に相当するアドルフ・ロースなども、第一次大戦前の貴族的な物言いのトーンをやや変えて、戦後の左翼政権下でウィーン住宅行政の主任建築家として、（本人の弁では）無給で働いていました。さらにモダニズム建築の到来を告げたル・コルビュジエの〈ドミノ・システム〉（1914）が、実は大戦で被災した地区の復興住宅、つまりバラック建設のために提案されたことはその意味で極めて重要でしょう。まっさらになった焼け跡から立ち上がる新しい建築のつくり方、そのようなイメージを前提にして、まず、ル・コルビュジエではなくミース・ファン・デル・ローエの活動を見ていきましょう。

≫ミース・ファン・デル・ローエ

▶《フリードリヒ街のオフィスビル案》

　彼の鮮烈な建築界へのデビューは終戦の3年後、1921年に発表したこのプロジェクトでした [**fig.1**]。これは瞬く間に世界中にイメージが広がるほど革命的でした。何がすごかったのかというと、均質空間 (ユニバーサルスペース) の確信的かつ妥協の一切ない完成形の提示です。つまり、モダニズムは初期にその基準としての均質空間を、ラディカルなイメージとして実現させたのです。これは事件でした。

　もともとこのプロジェクト案はベルリンの実際の通りを舞台にして募集された設計競技案だったのです。主催者側の条件には高さの規定や近隣景観への配慮、さまざまなショップに見合った平面計画が求められていましたが、ミースはこれを意図的に無視したのです。彼の提案は、真ん中のエレベーターコア、鋼鉄による床、ガラスの壁によって出来上がる無柱空間を敷地に合わせてアレンジし、それを上空に向かって反復しただけです。皆さんにはこういう掟破りを簡単にはしてもらいたくないのですが、彼はこのプロジェクトによって一気にモダニズムの極北に達しています。

Mies van der Rohe, Ludwig: *Friedrichstrasse Skyscraper*, project. Berlin-Mitte, Germany, 1921. Perspective of north-east corner. New York, Museum of Modern Art (MoMA). Charcoal and graphite on brown paper, mounted on board, 68 1/4 × 48". The Mies van der Rohe Archive. Gift of the architect. Acc. n.: 1005.1965.
© 2017. Digital image, The Museum of Modern Art, New York/ Scala, Florence

fig.1 ミース・ファン・デル・ローエ
《フリードリヒ街のオフィスビル案》(1921)

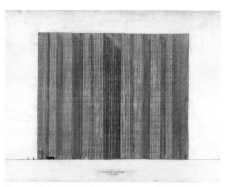

Mies van der Rohe, Ludwig: *Friedrichstrasse Skyscraper*, project. Berlin-Mitte, Germany, 1921. East elevation. New York, Museum of Modern Art (MoMA). Charcoal and graphite on tracing paper mounted on board, 21 3/4 × 34 1/2". The Mies van der Rohe Archive. Gift of Mary Callery. Acc. n.: 360.1966.
© 2017. Digital image, The Museum of Modern Art, New York/Scala, Florence

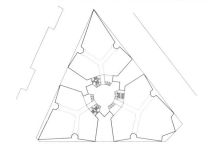

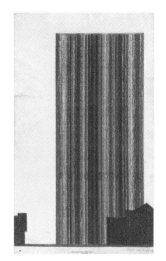

Left
Mies van der Rohe, Ludwig: *Glass Skyscraper project*, View of
lost model, No intended site known, 1922. New York, Museum
of Modern Art (MoMA). Airbrushed gouache on gelatin silver
print, 7 3/8 x 5 3/8". Mies van der Rohe Archive Fund. Acc. n.:
2377.2001. © 2017. Digital image, The Museum of Modern Art,
New York/Scala, Florence

Right
Mies van der Rohe, Ludwig: *Glass Skyscraper*. Berlin, 1922.
Elevation (schematic view). New York, Museum of Modern Art
(MoMA). Charcoal, brown chalk, crayon on brown on paper,
54 1/2 x 32 3/4". Gift of George Danforth, Chicago. Acc. no.:
474.1974. © 2017. Digital image, The Museum of Modern Art,
New York/Scala, Florence

fig.2 ミース・ファン・デル・ローエ
《鉄とガラスのスカイスクレーバー案》(1922)

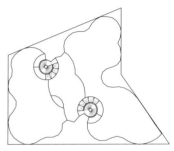

　さらに翌年には、平面形状がほとんど無定形なバージョンをつくっています［**fig.2**]。ど
んな形でもできますよということです。つまり様式など不要、この方法論のみで社会空間
は実現可能だというマニフェストだったのです。それは抽象空間をなんの容赦もなく反
復し続けるという強迫的な要素と、冷静でありながらどこか投げやりな計算が陰に隠れ
ていました。

　これらの一連の高層ビルプロジェクトは、産業革命後に出来た鉄鋼とガラスの素材特
性だけを重視した、通常の人間にとってみれば悪夢のような空間です。最も注目すべき
は、このプロジェクト群の立面です。私はこの立面を20年くらい前に、建築家の西沢立
衛氏が自らのレクチャーで紹介していて知りました。これを紹介する西沢さんもミースも
ラディカルだなと思いました。《フリードリヒ街のオフィスビル案》は、通り側から眺めると
鋭角的な氷柱のようで、そこには人間的な崇高美への感覚が残っているように見えるの
ですが、彼はそのわずかな美点をも真横から眺めた立面で否定します。これは、単なる

四角です。部分部分に落ちる影はあくまでも敷地形状によるものです。そこにはピクチャレスク譲りの崇高美も拒否するという、人間への軽蔑すら混じっているように思えます。

　ミースは鉱物の化身のような建物を生み出しました。この恐るべき立面は、2つのプロジェクトでプロポーションの違いこそあれ、同じ方法論から導き出されています。つまり、その建物の形体が決定的であることを意味していません。このプロジェクトが永遠に続いても、それはあくまでも暫定的な一連のシリーズなのです。

　これが第一次世界大戦後の空間的・思想的・文化的なタブラ・ラサの世界のなかで生まれたモダニズム建築の真実の姿のひとつです。この陰では近代的戦争による破壊行為の莫大さと、それに翻弄される人間的価値の低下が起こっているはずです。それゆえ、人間である私たちは、日常でこれに匹敵する建築イメージを実現することはなかなかないでしょう。

▶《シーグラム・ビル》

　その後の第二次世界大戦前、ミースははなから政治的思惑を超越していたのでナチス政権下でも十分やっていけたでしょうが、ナチスに気に入られることはありませんでした。アドルフ・ヒトラー（Adolf Hitler, 1889-1945）は様式が好きだったので、様式もこなし崇高性の演出もうまかったアルベルト・シュペーア（Berthold Konrad Hermann Albert Speer, 1905-1981）のほうを気に入ったのです。

　ミースはドイツのモダニズムデザインの発祥地となったデザイン学校であるバウハウスの校長を、ナチスによる閉校命令に伴い辞めて、1936年頃アメリカへ亡命します。そして彼は戦勝国であるアメリカの戦後のモダニズム建築の興隆のなかで、ついに《シーグラム・ビル》（1958）[fig.3]を実現させます。

　ニューヨークにもさまざまな摩天楼がありますが、そのほとんどは「基壇部」「ボディ」「屋根」という古典的な3つのパートによる立面デザインから抜け出せていません。それに比べると、《シーグラム・ビル》はボディのみがスクッと立ち上がり、まるで新しいギリシア神殿が登場したかのような鮮やかさがありました。とはいえミースは大変巧妙で、よく見るとその3つの要素は本来の形で復活しているのです。基壇部はビル部分から拡大し、外構や幾何学的な池を含んだ広場として展開し、立ち上がったビルの上層部は、さりげなくガラスを鉄のカーテンに変えて空をしっかりと見切っています。ミースの特徴がよく表れています。

　つまり、彼のつくる建築は神殿であり、そこに人間がいてもよいという感覚でデザイン

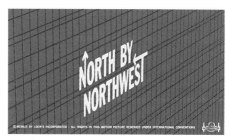

fig.4 『北北西に進路を取れ』(1959) タイトルバック
写真：Collection Christophel / アフロ

fig.3 ミース・ファン・デル・ローエ＋フィリップ・ジョンソン
《シーグラム・ビル》(1958)

されているのです。人間がつくり出す事物に超越性を求めるという意味でも、やはりこの
人は極北に行ってしまった人だと思います。

　余談ですが、これが見本となってガラスのカーテンウォールの超高層が次々と出来る
ようになります。日本においても《霞が関ビルディング》(山下寿郎設計事務所設計、
1968)は、《シーグラム・ビル》のショックを正面から受け止めた感じがします。今朝、ネッ
トの情報で槇文彦さん (1928 -) による《WTCビル》跡地の案を見ましたが、基本的に
構成は同じです。《シーグラム・ビル》がひな形となって、そのレプリカントがそこかしこ
につくられたのです。そういう意味で、これはモダニズムの基準となりました。

　《シーグラム・ビル》の1年後に公開された面白い映画があるので見てみましょう。『北
北西に進路を取れ』(アルフレッド・ヒッチコック監督、1959)★Eという有名な映画です。
このオープニングで流れるソール・バス (Saul Bass, 1920-1996) のデザインによるタイ
トルバック──水平線と垂直線の交差とそこを垂直に移動するタイトルやクレジット
──これは明らかに《シーグラム・ビル》のファサードのカーテンウォールに着想を得て
います。まるで高速エレベーターを思わせるように移動する文字が巧みですね [fig.4]。

　ミースの作風はこうした均質空間の神殿づくりと《バルセロナ・パヴィリオン》のような
構成的作品に大別できます。後者は次回紹介するとして、今日はこの人間の営みを超え
て現れたかのような均質空間の背後にあった芸術運動を紹介して終わりたいと思います。

≫シュプレマティズム

　もう一度、《フリードリヒ街のオフィスビル案》に戻りましょう。この作品と関連しそうな芸術運動を考えると、〈シュプレマティズム〉が思い浮かびます。人智を超えた神的なものに向かって抽象表現を極めていく様が大変似ているからです。「絶対主義」とも訳されるシュプレマティズムは、1915年にロシア人画家のカジミール・マレーヴィチ（Kazimir Severinovich Malevich, 1878-1935）が提唱した運動です。これも極限の絵画で、これを超えるものは現れていません。

　初期のマレーヴィチは、当時の先進地、パリで興隆していた芸術運動であるキュビスムに影響された絵を描いていましたが [**fig.5**]、ロシア正教会の信者ということもあってか、だんだん絵が純化（抽象化）していきます。終いにはキャンバス内での純粋な存在要素としての赤、黒、黄の純粋幾何学的なものの構成だけで絵を成立させるようになっていくのです。それまでの絵とは何かの模写（再現）であり、何かを表すものだったのですが、ここでは絵が絵として成立しています。この自律的性格は、広くモダニズム芸術に見られるものです。

　そして彼が到達したのがこの作品です [**fig.6**]。これは面白いタイトルで、《赤と黒の正方形》（1915）と言います。続いて《赤の正方形》《黒の正方形》という作品もつくります。そして最後に見せるのは《白の上の白》[**fig.7**]、1918年の作品です。これにミースのスカイスクレーパーの立面図のバリエーションの展開を重ね合わせたらどうでしょうか? 彼らの当時の仕事を超えるものはないでしょう。人間とは怖いもので、崩壊してし

fig.5　カジミール・マレーヴィチ《第一級の軍人》（1914）
マレーヴィチの初期作品

fig.6 カジミール・マレーヴィチ
《赤と黒の正方形》(1915)

fig.7 カジミール・マレーヴィチ《白の上の白》(1918)

まった世界のなかで新しい基準をつくろうとしたときに、かなりの短期間で到達してしま
う抽象性をその内にもっているのです。

　最後に、ミースの有名な名言「Less is more」を振り返ってみましょう。これは「シン
プルなものほど豊かである」などという、生半可な言葉でしょうか。その追求は終わりの
ない徹底的なものなのです。ミースもマレーヴィチも、この極限以上には行かずに戻っ
てきます。ですが、2人が第一次世界大戦後すぐに、このような人間を超越した極限的
なものをつくったのだということをとにかく覚えておいてください。20世紀芸術が成立し
た瞬間です。

参考文献・資料
★ A　映画:『スローターハウス5 (Slaughterhouse-Five)』(ジョージ・ロイ・ヒル監督、1972)
★ B　ヴァルター・ベンヤミン「複製技術時代の芸術」(『複製技術時代の芸術』佐々木基一訳、晶文社、1999 [原著 "Das
　　　Kunstwerk im Zeitalter seiner technischen Reproduzierbarkeit", 1936])
★ C　映像:『To New Horizons』(1940)
　　　https://www.youtube.com/watch?v=tAz4R6F0aaY
★ D　映画:『幕間 (Entr'acte)』(ルネ・クレール監督、1924)
　　　https://www.youtube.com/watch?v=mpr8mXcX80Q
★ E　映画:『北北西に進路を取れ (North by Northwest)』(アルフレッド・ヒッチコック監督、1959)
★ F　フランツ・シュルツ『評伝ミース・ファン・デル・ローエ』(澤村明訳、鹿島出版会、2006)

第 7 回

構 成 ・ 速 度 ・ 時 間

アドルフ・ロース／ル・コルビュジエ

　前回の講義からモダニズム建築に入りました。「モダン」という言葉はルネサンスから当てはまりますが、「モダニズム」とは「主義」として産業革命以降の生産様式に基づいた建築のつくり方や様式を実行するものです。重要なことは、モダニズム建築の本格的な始まりが第一次世界大戦に深く関係している点です。つまり、戦争によるヨーロッパ社会の疲弊と復興の問題、そして眼前の廃墟＝タブラ・ラサの到来など、社会の再編成状態があったからです。

　また、様式建築からモダニズム建築への移行の際に、特権化した基準、空間、構築の原理を探すことが主題になったという話をしました。その例として、ミース・ファン・デル・ローエによる均質空間の唐突な出現と達成を挙げました。

　ここで大事なのは、イメージが徐々に極端になっていくわけではないということです。まず極端な形が生まれ、次第に現実化していきます。そのため、根本的なアイディアは初期に一気に出尽くしている感があります。

　その過程に深く関係する芸術運動として、ミースに重要な啓示を与えたと思われるシュプレマティズムを紹介しました。マレーヴィチもはじめはキュビスムに影響されていたのですが、啓示を受けたようにいきなり抽象の極北にまで展開して、《白の上の白》[第6回 fig.7] という作品に行き着きました。白く地塗りしたキャンバスの上にもうひとつの方形の白が、違うストロークで塗られています。その白の違いは大変微妙で、悪い印刷だとわからないでしょう。こういった世界のなかで「Less is more」という言葉の重要性を考えたわけです。

》もうひとつのミース

▶壁構造による分解と再構成

　では、今回はミースの続きから話していきましょう。ミースは〈ユニバーサルスペース〉

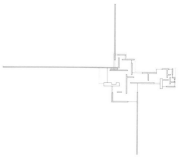

fig.1 ミース・ファン・デル・ローエ《バルセロナ・パヴィリオン》
(1929、1986再建) Jorge Franganillo (CC BY 3.0)

fig.2 ミース・ファン・デル・ローエ
《Brick Country House》(計画案、1924)

という均質で、座標軸上でシンプルに表現できるような空間を提案しました。しかし、ミースにはもうひとつの側面があります。それは建築要素の構成についての実験です。その最高傑作が《バルセロナ・パヴィリオン》(1929、1986再建)でしょう[**fig.1**]。そのような構成的作品は緻密なディテールとともに離散し、かつ連結するような空間がポイントです。そこでのミースが実現したのは単なる均質空間ではなく、均質空間がプロポーションや構成をもったときに具体化した、空間の劇的な質の変化です。

　ミースは1929年、バルセロナ万博のドイツ館としてこれを設計します。この有名な建築の構成法には、彼の出自が石工、組積職の家であったことが影響しているのかもしれません。ミースは壁構造の原理によって何ができるかを展開していったのです。

　ここで、《バルセロナ・パヴィリオン》以前のプロジェクト、《Brick Country House》(計画案、1924)を見てみましょう[**fig.2**]。長く延びた壁によって外の環境が建築に貫入し、組積造の壁が自律するL字形の壁配置の構成が採用されています。部屋は閉じられず、視覚を遮りながらも全体が緩やかにつながっています。この空間が、方形に閉じられた部屋の連続に比べて、はるかに多様なシーンを生み出すであろうことは容易に想像できます。現代でもよく使われているこの重要な手法は、ミースによって提示されたのです。

　そして、その立面図を見ると、先の自由な平面からは想像もつかないような厳格性があることがわかります。新古典主義の回(第3回)で当時のドイツの建築家カール・フリードリッヒ・シンケルの話をしましたが、ミースはシンケル的な厳格性をも受け継いでいます。そして、この流れがさらに展開して、《バルセロナ・パヴィリオン》が生まれたのです。

▶《バルセロナ・パヴィリオン》の十字柱

　このパヴィリオンでのミースによる要素の再構成は冴え渡っています。普段のわれわれが考えている家のイメージはハコです。例えば、床、壁、天井の関係は閉じた直方体を構成するように固くつながっています。しかしここでのミースは、壁や床をずらしても構造的な要点を保つことができるという発想のもと、それらを水平に移動させます。そうすることで、さまざまな形が生まれることに気づいたのです。

　例えばパヴィリオンの平面をさっと眺めても、建物横に計画された広い水盤にはまるで室内部分が移動した結果生まれたヴォイド（空隙）のような対応性がありますし、さらにその室内の北側にはそこから壁だけが水平移動したかのような新たな水面をもつ静謐な中庭が実現しています。

　《バルセロナ・パヴィリオン》は博覧会建築ですので一度壊されましたが、その歴史的評価は高まり現在は復元されています。このパヴィリオンには通常の方形に区画された室内はないのです。ミースにとって、室内、室外はあくまでも構成による暫定的なものです。

　あえて室内という言葉を用いるならば、その室内には重要な柱が8本置かれています。もちろん構造的には並行して隣接する壁の中に収めてもよいのですが、ミースは柱を構成部材のひとつとして重要視するために、壁に近い柱でも必ず独立柱にしています。そして、この独立柱が十字の断面形状をしていることが重要です。

　十字柱は、L字のアングル4つを十字に組み合わせてナットで締めて、そこにクロムメッキの表層を施しています [**fig.3**]。私たちは、「柱」と言えば通常四角形を想像します。その四角パイプを垂直に4等分すると、4本のL字アングルに分解されます。これらL字アングルをそれぞれ180度ひっくり返すと十字柱になります。四角から十字への反転、

fig.3 《バルセロナ・パヴィリオン》の
十字柱断面

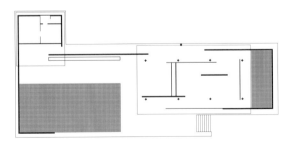

fig.4 同、平面図

これがミースの発想を象徴的に表しているところです。

　厳密に言えば、めり込みや座屈のしやすさなどは変わってくるのですが、十字にしても部材量は変わっていないので、荷重を支える強度は変わりません。ミースは厚ぼったい見た目の四角柱をL字アングルに分解し反転することで、研ぎ澄まされた形の柱にできるということに気づいたのです。つまり、彼にとっては四角柱さえも小さな方形の部屋であり、そのパーツを反転させることで、より緊張感のある空間を発生させることに成功しました。

　実はフランク・ロイド・ライトも、ミース以前にこの操作による空間の劇的な変化に気づいていました。《ロビー邸》(1906)を代表作とする〈プレーリースタイル (Prairie Style)〉(草原様式) では、深い軒をもつ屋根を支える壁から隅部を取り去りました。普通開口を開けようとすると隅部は残してしまいますが、その反対をやったのです。しかし、ライトはその革新性と同時に従来の住宅のイメージも残していました。博覧会用のパヴィリオンを設計したミースのほうが、この手法をより自由に行えたわけです。その結果としてパヴィリオンの平面を見ると、なるほどハコ的な原型がほのかに見え隠れしています。それがさまざまに切り分けられ、ずらして配置されることで、従来にはなかった新しい流動的空間を獲得することができました [**fig.4**]。基壇があり水盤があり、中に入っていくと印象的な模様のオニキスの壁があって、一室空間が3つか4つの相互に貫入するような不思議な空間として配置され、さまざまなシーンを生むスペースに変貌しています。これが発明です。ミースのこの手法は皆さんも設計のときに十分に使えるものです。

　また、彼は石の使い方が非常に装飾的です。禁欲的な操作しかしていないのだけれど、素材そのものとしてはとても芳醇な使い方をしています。その例が、パヴィリオンの中の模様をもった石とその張り方です。日本人の感覚だとつい模様を同じ方向に張っ

fig.6 ニコライ・スーティン《Untitled》(1922-1924)
Suetin, Nikolai: *Untitled*, (1922-24). New York, Museum of Modern Art (MoMA). Watercolor and pencil on paper, 4 1/8 x 12". Bequest of Marvin A. Sackner, M.D. Acc. no.: 360.1991.
© 2017. Digital image, The Museum of Modern Art, New York/Scala, Florence

fig.7 ニコライ・スーティンがデザインした
マレーヴィチの棺桶 (1935)

てしまうのですが、彼はそれを線対称に配置し、まるで花弁のような表現をします [**fig.5**]。強烈な赤いドレープと装飾的な青灰色の蛇紋とトラバーチンとを組み合わせるなど、ミニマルなものでもこんなにも多様な効果を得ることができるのです。ここにミースの真骨頂があります。設計課題で真四角のハコを設計してしまい、うまくいかないと思っている人は、その構成要素を少しずらしてみるといいと思います。われわれには四角の空間が先験的にあり、柱梁で構成された構造に慣れてしまっています。それを組積造の原理を挑戦的に採用することで、《バルセロナ・パヴィリオン》のような新しい構成が獲得されうるのです。

　また、ミースのこのような要素の分解と再統合を意図した構成的作品の背後に、他の芸術運動との連動を指摘することもできるでしょう。例えばシュプレマティズムのマレーヴィチも、同じようにさまざまな色や形の再編成を試みていました。

　ここで面白い事例を紹介しましょう。最近のインターネットの検索エンジンの能力には眼を見張るものがあります。画像検索で《バルセロナ・パヴィリオン》の図面の類似例を検索してみたのですが、偶然興味深い画像が見つかりました [**fig.6**]。これは無題の絵なのですが、《バルセロナ・パヴィリオン》の立面ととてもよく似ていますね。好奇心をもったので、この絵の作者を調べてみたところ、ニコライ・スーティン (Nikolai Suetin, 1897-1954) の作品であることがわかりました。彼はマレーヴィチの弟子であり、生粋のシュプレマティストでした。1935年にマレーヴィチが亡くなったときには、彼が棺桶のデザインを担当しています [**fig.7**]。それを見ると、まるでミースのパヴィリオンの柱のような十字形をしているのです。ミースとシュプレマティズムが当時激しく呼応し合っていたのではないかと想像するに足る衝撃的なつながりの発見でした。こういう「地図づくり」を皆さんも是非行っていってください。

≫アドルフ・ロース

　次はアドルフ・ロース（Adolf Loos, 1870-1933）を紹介します。彼はミースよりも年上
で19世紀末から建築設計活動を始めました。ロースは1908年頃に「装飾と犯罪」と
いう過激なタイトルの講演で、当時の建築装飾の扱い方への徹底的批判を行います。
彼はそこで、人間の装飾衝動を刺青と同じような倒錯した文化的行為として糾弾した
のですが、少し経ってから、それがフランスでモダニズムの到来を告げる衝撃的論考と
して紹介されたのです。モダニズム建築の始まりが、第一次世界大戦終戦にほぼ対応
していると話しましたが、ロースはそれ以前から活躍していた人です。彼がもっていた独
特な近代的感性が、フランスで再発見されたわけです。

　オーストリアのウィーンで活躍していた彼は非常にダンディで、作家であり社会活動
家のカール・クラウス（Karl Kraus, 1874-1936）、音楽家のアルノルト・シェーンベルク
（Arnold Schönberg, 1874-1951）、言語哲学者のウィトゲンシュタイン（Ludwig Josef
Johann Wittgenstein, 1889-1951）、前衛画家のオスカー・ココシュカ（Oskar
Kokoschka, 1886-1980）など多数の知識人や芸術家と親交がありました。ロースはパ
リ滞在時に〈ダダイズム〉の詩人であるトリスタン・ツァラ（Tristan Tzara, 1896-1963）の
邸宅（1926）[**fig.8**] も設計、実現させました。ロースとダダイズムとは、その過激な表現
という意味で一脈通じるものがあります。後からその共通性についても考えてみたいと

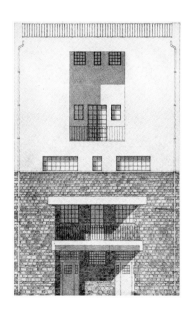

fig.8　アドルフ・ロース《トリスタン・ツァラ邸》（1926）
ファサードのドローイング

思います。

　彼は19世紀末的ダンディとして、様式の没落とともに新しい世界が始まる時期を体現した人物ですので、その作品にはオーソドックスな部分があります。例えば先に紹介した《トリスタン・ツァラ邸》では、ミースが《フリードリヒ街のオフィスビル案》で完全に無視してしまった「基壇」「ボディ」「冠」という三大要素をきちんと守っています。このような感覚を残しているのが、ロースの19世紀末的な部分ですし、ロース自身もクラシックであることをむしろ好んでいました。外観は装飾や虚飾がほとんどない、ごくシンプルな仕上げや形態です。彼は「装飾と犯罪」で主張したように装飾を嫌いました。しかし、同時に装飾の重要性も指摘しています。つまり、彼は無駄な装飾が嫌いだったのです。同時にそっけない外観は、「目立たなさ」をダンディ的振る舞いの究極目標に置いたロースの趣味を反映しているのです。ロースの建築論は高度な趣味判断に基づいており、現在でも学ぶことが多いと思います。

▶ ラウムプラン

　ロースの建築は外観と内観が断絶しています。彼の建物の内部はとても官能的で、内臓の中を歩くような感覚があります。それはなぜでしょう。彼は〈ラウムプラン〉というとてもユニークな室内空間の構成法を発明しました。彼はスキップフロアを多用することで、階数という概念で内部を語れないような複雑な空間をつくり上げたのです。しかし、それは奇をてらったものではなく、各空間のシーンや使い方をよくスタディすることで生まれたものでした。

　ラウムプランの陰には19世紀の美学者ゴットフリート・ゼンパー（Gottfried Semper, 1803-1879）の建築理論の影響がありました。一般的に建築の初源を語ろうとするとき

fig.9　アドルフ・ロース《ミュラー邸》（1930）

fig.10　同、内観

には、「原始の小屋」を示したロージエ神父のように、その発想は骨組みから始まりがちです。しかし、ゼンパーは建築の起源を被覆に求めたのです。建築とは人間を包む被覆であり、人間と被覆の間の拡張として空間が生まれたのです。

ロースの考え出したラウムプランこそ、ゼンパー的な建築観の高度な建築的実現でした。それはまるで人間の生活における身体の動きが投影されたかのように、立体的にプランが構成されました。その最高傑作が彼の晩年の作品である《ミュラー邸》（1930）[**fig.9,10**] でしょう。彼は自分の設計したインテリア＝ラウムプランと写真との関係についてこう述べています。

インテリア写真には反対です。これが大手を振るようになると、本来の目的とは別のインテリアが生まれてくる可能性がある。どういうことかと言うと、建築家の中には心地よく暮らすという目的のためではなく、写真うつりをよくするために内装を手がける者がいるということです。……写真はマテリアルの感触を消してしまうけれども、僕はむしろその感触を前面に出したいのです。僕が手がけるインテリアの目指すところは、住人が身の回りに家具のマテリアルを感じとり、それが何らかの心理的効果を及ぼし、ひととインテリアと空間全体に統一感を生むことです。

——アドルフ・ロース「節約について」★^A

▶ ウィーンの周縁性とダダイズム

彼の背後には〈ダダイズム〉という芸術運動がありました。先ほど自邸を紹介した詩人のトリスタン・ツァラはスイスのチューリッヒ滞在時の1916年にダダイズムという芸術運動を起こしました。

ここで重要なことがひとつあります。皆さんはウィーンというと夜会や交響楽団のイメージで、ヨーロッパの中心のように思っているかもしれません。しかし、当時のヨーロッパの先進地はフランスやイギリスでした。ウィーンはむしろ古い文化を保っていた周縁地域と言えるでしょう。チューリッヒもそのような位置づけは共通しています。そのような先進文化の周縁での芸術運動は急進的になることが多いのです。

この周縁のもつラディカルさは、当時の日本における芸術運動にも共通の影を落としていると思います。つまり、古い伝統文化を濃厚に保存する地域で新しいことを行おうとする芸術家には、伝統と先進とを調停しなくてはならないという難題が課せられてしまうのです。たまにロースの書いたものを読んでいると、永井荷風（1879-1959）の小説を読んでいるような気分になります。

ダダイズムの「ダダ」は赤子の泣き声を表しているという説もあります。重要なことは、この芸術運動も第一次世界大戦中のヨーロッパの周縁で起こった運動だということです。ダダイズムでは、メインストリームの芸術を左右するような理論はほとんど生まれなかったかもしれません。むしろそれを拒否するなかで何をなしうるかという態度が濃厚だったと思います。その結果、ダダイズムはパリで起こっていたシュールレアリスムに吸収されていくことになりました。こうした背景のなかで、後期のロースもパリに活動の地を置いたのかもしれません。

≫ ル・コルビュジエ（前期）

　さて、このような流れのなかで頭角を現したのが、フランスで活動していたル・コルビュジエ（Le Corbusier, 1887-1965）です。彼はスイスで生まれ、本名はシャルル=エドゥアール・ジャンヌレ=グリ（Charles-Edouard Jeanneret-Gris）でしたが、パリに来てからこの名前になりました。彼はミースの極端さ、ロースにおける周縁性といったものを横目で見つつ、モダニズムの中心地においてその骨格をつくり上げました。その意味ではモダニズムで最も重要な人物です。

　彼の行ったことでまず注目すべきことは、情報を発信することの重要性に気づき自分でメディア（雑誌『レスプリ・ヌーヴォー（L'Esprit Nouveau）』1920創刊）をつくったことです。そして、都市全体についても考えました。《300万人の現代都市》（1922）、パリ市街の高層化計画《ヴォアザン計画》（1925）、《輝く都市》（1930）などです。またCIAM（Congrès International d'Architecture Moderne）という建築家による国際的な会議をヴァルター・グロピウス（Walter Adolph Georg Gropius, 1883-1969）やミースらと運営しました（1928-1959）。その活躍はモダニズム建築家の運動スタイルを決定したと言ってもいいでしょう。

　そして、彼の初期の重要な提案であった〈ドミノ・システム〉（1914）という住宅建設方法の特徴は、新しい構法である鉄筋コンクリートを用いた極めて汎用性の高い単純さにあったのですが、そこからだんだんと彼の思想が広がっていき、モダニズム建築の要旨をまとめた「近代建築の5原則」へと結実します。重要なので紹介しておくと、「ピロティ」「屋上庭園」「自由な平面」「独立骨組みによる水平連続窓」「自由な立面」の5つです。さらに活動の後期は非常に造形的な作品に向かっていきます。その展開力は20世紀において並外れていたと思います。

　そして重要なことは、ル・コルビュジエは自分自身の画家としての才能も確信していた

ということです。彼の絵画活動はキュビスムという芸術運動に連動しています。周囲は
あまり認めていませんでしたが、ル・コルビュジエの建築の特徴をキュビスムの画家とい
う側面からも後から検討する必要がありそうです。今日はとにかくル・コルビュジエの前
期の代表作品だけでも紹介しておきましょう。

▶《ソヴィエトパレスの設計競技案》

　まずは、《ソヴィエトパレスの設計競技案》(1932) [**fig.11**] です。ここには、モダニズ
ム建築の造形言語がたくさん入っています。例えばアーチでつくった無柱空間があります。
1922年にソヴィエト連邦ができたとき、ル・コルビュジエのようなインテリ芸術家には、
そこは楽園創造の可能性の地として映っていました。このことは重要な背景です。当時、
スターリン (Joseph Vissarionovich Stalin, 1878-1953) がすでに実権を握っており、そ
の夢はもはや風前の灯火であり、この設計競技がその変節を物語る象徴となったわけ
です。先進技術と天才的な発想による建築的ユートピアを目指したル・コルビュジエの
案は残念ながら選ばれることはありませんでしたが、もしこの計画が実現していたら間
違いなく20世紀の世界遺産の筆頭になったでしょう。

fig.11　ル・コルビュジエ《ソヴィエトパレスの設計競技案》(1932) CGプロジェクト：長倉威彦　作成：馬場信介

▶《輝く都市》

　次は1930年に発表した《輝く都市 (La Ville Radieuse)》を紹介しましょう。ここで、彼は現代の高層住宅とその環境のモデルを提出しました。その影響が大きかったことは、このモデルに似た高層住宅計画が、いまだに世界中のあちこちで建設されていることからも明らかでしょう。

　まずは、住宅を高層化する代わりに、公共空地 (オープンスペース) を十分に確保しました。そして、自動車が交通の主要な要素になるとの予想から、いち早く歩道と自動車道とを分離しました。これらによって当時の低層都市の喧騒を解決しようとしたのです。また、多分に社会主義的な共有のビジョンを打ち出したことも特色のひとつです。

　日本でも、戦後の団地はこのプロジェクトの影響を受けました。しかし、地震国日本には多くの課題があり、まだ技術力も成熟していなかったので、戦後初期の団地の多くは5階建てまでの低層になりました。しかし、私自身は高層にするとコミュニティはうまくいかないと考えているので、日本の団地のボリュームは今後もうまく使われていくのではないかと思います。

▶ドミノ・システム

　ここで再び〈ドミノ・システム〉に話を戻します。1914年に考えられたシステムで、前にも述べましたように、本来は戦災で疲弊した地域のための復興用住宅の建設方法でした。ここで重要なのは、行政がドミノの躯体を用意した後は、住民が勝手に壁をつくることができるという点です。そのための自由な立面だったのです。結果的に住民が伝統的な壁や三角屋根を採用することで、このシステムは次第に伝統的なものに戻っていく場合もありました。ル・コルビュジエはそれを計算ずくでやったのだと思います。

　しかし、ル・コルビュジエはこのシステムの提案の後に、その自由な間取りや開口を取ることが可能な立面に、革命的なビジョンを見出したのではないでしょうか。というのもこのシステム提案後に、彼はこのシステムを次第に展開させはじめているからです。自動車を収納するための住宅など面白い過渡的な作品がいくつかありますが、やはり最高傑作は有名な《サヴォア邸》(1931)です。次はこれを見ていきましょう。

▶《サヴォア邸》

　一般的な見方とこの講義での見方の違いを明らかにするために、《サヴォア邸》を紹介している巷のウェブサイトの写真を見てみましょう。どれもなかなかいい写真ですね。

fig.12　ル・コルビュジエ《サヴォア邸》(1931)

fig.13　同、ピロティ

fig.14　同、内観

fig.15　同、屋上　　　　　fig.12-15 **著者撮影**

　私も同じようなカットを撮っています [**fig.12-15**]。1階のピロティは車が通れる部分で、円形になっています。これは近代的な車の運動が建物の形に影響を与えているということです。中に入り、スロープを上がっていくと広い空間があります。中庭に向かって広い開口が取られています。5原則のなかに含まれる水平連続窓などを実現した、中庭へ続くフラットで流動性をもった空間になっています。住宅なのに、いまにも流れ出しそうな速度をもった空間です。次にこの建築を私なりの見方、キュビスムとの連関において見てみたいと思います。

▶ ル・コルビュジエのキュビスム

　ル・コルビュジエは自分の絵画作品を〈キュビスム〉を超えた〈ピュリスム〉と称していました。いわばキュビスムの派生物です。これはル・コルビュジエの絵画作品ですが、立派なキュビスム絵画だと思います [**fig.16**]。よく見ると、のちに建築に使われたような形も現れています。キュビスムは形体を分解、再構成するという意味では〈シュプレマティズム〉に似ていますが、異なるテーマをもっています。一般的にキュビスムは、セザンヌ (Paul Cézanne, 1839-1906) の影響を受け、20世紀初頭にパブロ・ピカソ (Pablo

Picasso, 1881-1973) とジョルジュ・ブラック (Georges Braque, 1882-1963) が創始した美術様式とされています。その特徴は、遠近法的な固定されたひとつの視点をもつ絵画ではなく、さまざまな角度から見た対象を、時間差も含めながらキャンバスに描いて、立体を平面上に表現しようとしたと言われています。

　つまりキュビスムでは、時間差の表現がテーマになっているのです。ここが重要な点です。例えばピカソの絵で、横顔と正面が一緒になっているものがありますが、あれは違う場面、つまり異なる時間をひとつの絵に入れようとしたものです。しかしここで正直に言いましょう。私は若い頃、キュビスムの面白さがまったくわかりませんでした。感動などこれっぽっちもありませんでした。皆さんのなかで自信をもってキュビスム大好きという方がおられたら是非挙手してください。

──（**誰も手を挙げない**）

▶ **キュビスムと分解写真**

　ひとりも手が挙がりませんでしたね。ではなぜ当時、キュビスム絵画が先進的な絵画様式になりえたのか。そこに、いまでは失われた驚きの感覚を復元する必要があります。その感覚が自分なりにわかったのは、ある一連の写真に出会ってからです。それは、キュビスムの画家たちが参考にしたと言われる、エティエンヌ=ジュール・マレー (Etienne-Jules Marey, 1830-1904) の分解写真でした。例えば、「走っている馬は同時に何本の

fig.16　ル・コルビュジエ《2本のボトル》(1926)
© F.L.C. / ADAGP, Paris & JASPAR, Tokyo, 2020
E3914

足が地についているのだろうか?」といった、肉眼では捉えられないことを分析するために用いられました。それによって、動く被写体が瞬間的ポーズに分解され、連続的に記録できるようになったのです。

　マレーのカメラ撮影の様子を描いたイラストを見ると、それがマシンガンのような形をしていることがわかります[**fig.17**]。カメラで撮影することをtakeではなくshootと言うことがありますが、これはまさにshootです。このマシンガンのようなカメラを使って、マレーは全身タイツの人間の関節部分に点をつけて撮影し[**fig.18**]、人間の動きを分解した分析写真をつくり出しました[**fig.19**]。ここまで抽象化されていると、これはもしかしてすでに芸術なのではないかと思う人が出てくるのも当然でしょう。

　これを見て、私はマルセル・デュシャンの《階段を降りる裸体No.2》(1912)[**fig.20**]のすごさというか、デュシャンが当時マレーの写真技術に驚嘆し、それを絵画の水平面に収める大いなる努力をしたのだということが初めてわかりました。キュビスムの驚きを

fig.17　撮影風景のイラスト　　　　fig.18　関節部に点をつけた全身タイツ姿で撮影に挑む

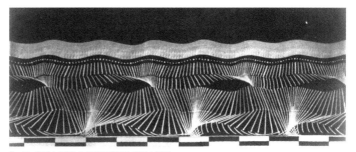

fig.19　移動する身体の動きを連続的に捉えた写真

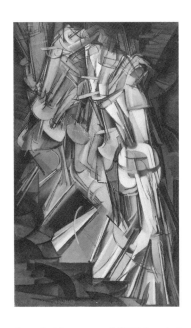

fig.20 マルセル・デュシャン《階段を降りる裸体No.2》(1912)
© Association Marcel Duchamp / ADAGP, Paris
& JASPAR, Tokyo, 2020
E3914

復元するためには、分解写真の存在に気づかなければならなかったのです。これでもわからないという方のために、その驚きがよりリアルタイムでわかる現代の映像作品を紹介しておきます。

『マトリックス』(ラリー&アンディ・ウォシャウスキー監督、1999)★Bのビルの屋上で展開する時間分解的バトルシーンです。主人公も敵も時間を自由に操って弾丸をかわしますよね。あの動きがキュビスムです。あのバトルシーンも何十台ものカメラを並べて撮っているので、まさにshootと言えるでしょう。時間を分解するとともに再構成して、時間そのものを変えていくような映像表現がキュビスムの目指した驚きの経験の記録作業なのです。

▶ キュビスム的《サヴォア邸》の見方

以上を踏まえて《サヴォア邸》を見てみると、実はこの家の構成がキュビスム的速度差の表現に満ち溢れていることがわかります。つまり、異なる時間が併存するデザインがなされているのです。

例えば、これは私の気に入っている写真ですが、この建築にはこのように違う世界が並列している感覚が濃厚に反映されています [**fig.21,22**]。そして決定的なのが、らせん階段とスロープという2つの異なる移動の建築経験がひとつのシーンに入っている箇所

fig.21 ル・コルビュジエ《サヴォア邸》内観　　　　　fig.22 同、内観　　　　　fig.21,22 著者撮影

です。彼は時間性の違いを意識して部屋と部屋をつなげたり、空間を構成していたのです。ですから《サヴォア邸》を訪れたら、「近代建築の5原則」も重要ですが、必ずこの時間差の空間構成を見てください。

　最後にひとつの動画を紹介しましょう。以前にこの講義を履修した学生のひとりが紹介してくれました。

──（「Parkour Architectural ｜ Villa Savoye」★C鑑賞）

　この《サヴォア邸》を縦横に駆け回るパルクールの映像を撮った人は、この建築の醍醐味が多様なスピードの混在にあることをよくわかっています。撮影後、きれいに建物を掃除しているパフォーマーたちの姿もかわいいですね。このシリーズの続編はいまだ見たことがありません。おそらく断られ続けているのでしょう。次回はル・コルビュジエの後期から始めます。

参考文献・資料

★A　アドルフ・ロース『ポチョムキン都市』（加藤淳訳、みすず書房、2017）
★B　映画：『マトリックス（The Matrix）』（ラリー＆アンディ・ウォシャウスキー監督、1999）
★C　映像：「Parkour Architectural ｜ Villa Savoye」
　　　https://www.youtube.com/watch?v=DFIQbjR4RmM
★D　フランツ・シュルツ『評伝ミース・ファン・デル・ローエ』（澤村明訳、鹿島出版会、2006）
★E　アドルフ・ロース『虚空へ向けて──1897-1900』（加藤淳訳、編集出版組織体アセテート、2012）
★F　アドルフ・ロース『にもかかわらず──1900-1930』（加藤淳訳、みすず書房、2015）
★G　ル・コルビュジエ『輝く都市』（坂倉準三訳、鹿島出版会、1968）

第 8 回

ランダムネス・革命・宇宙
未来派／ロシア構成主義／バックミンスター・フラー

≫ ル・コルビュジエ（後期）

▶ 集合住宅の試み

　今回はル・コルビュジエの後期から始めましょう。前回の講義で、激動の近代における彼の建築家としての戦略、自らのビジョンをどのように社会に向けてプロデュースしていったかという展開とその方法が理解できたかと思います。ル・コルビュジエは、第二次世界大戦の傷跡から復興していくヨーロッパにおいて、さまざまな提案を行いました。その代表的な事例は前回お伝えしたとおりです。そしてさらに第二次世界大戦後、世界

fig.1 ル・コルビュジエ
《マルセイユのユニテ・ダビタシオン》（1952）
著者撮影

fig.2 ル・コルビュジエ
《Aménagement de Paquebot Ile de France》（1936）
ル・コルビュジエによる客船のイメージ
© F.L.C. / ADAGP, Paris & JASPAR, Tokyo, 2020 E3914

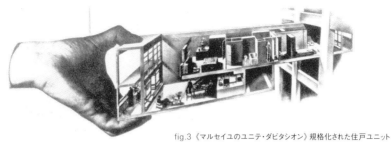

のあり方の反省とともに復活した国際主義の流れのなかで、彼の活動はよりグローバルに、そしてとても大切なことですが、同時に地域的になっていきました。

　私がル・コルビュジエを尊敬するのは、グローバルでありながら十分地域的でもある、そういうセンスのよさです。例えば「チャンディーガル」(1950-)のような大規模な都市計画、公共建築の複合体や住宅計画を彼は次々と実現していきます。これはインドに呼ばれて、小都市をまるごと計画したものです。現地が荒々しい施工だったからこそ、彼の計画意図が際立つ名作群です。その点、東京の上野にあるル・コルビュジエが基本計画を行った《国立西洋美術館》(1959)は、日本の施工がうますぎて、ややその意図が見えづらくなっているのは皮肉なことです。

　私は「チャンディーガル」では幸運にも厳重警備の《議事堂》(1962)内に入ることができました。エントランスアプローチは前回の《ソヴィエトパレスの設計競技案》のホワイエに類似したものでした。そして《議事堂》内部は異様な空間で、真っ赤な内装の大きな井戸の底のような空間です。後から気づいたのですが、ナンを焼く釜の中をイメージしたのではないかと思います。

　ほかに《ユニテ・ダビタシオン》[fig.1]という集合住宅を設計し、マルセイユをはじめ、複数の地に提案、実現したことも重要です。このことは、建築家と社会改良者という彼の２つの側面を表していると思います。建物は構成豊かな「屋上庭園」とメインボディにあたる「住宅」部分と大地に接する「ピロティ」で構成されています。巨大客船のダイナミックなイメージが投影されており[fig.2]、彼は集合住宅を、ゆっくり動いていく共同体のように捉えていたのかもしれません。

　その感覚は躍動感のあるピロティで理解できます。単に大地に接する階を屋外駐車場にしたものがピロティではないのです。《ユニテ・ダビタシオン》のピロティはマッシブな柱で支えられ、床下は船底のような造形性があり、いまにも動き出しそうです。また、

このプロジェクトのプレゼンテーションにはよく「手」が用いられています [**fig.3**]。これは何を表現しているのでしょうか。

《ユニテ・ダビタシオン》の構造躯体をよく見ると、ひとつのユニットが２階分になっています。ここがミソです。こうすれば、メゾネットや単階のみのものなど、いろいろ組み合わせてデザインすることができます。つまり、彼はここで、戦後日本のメタボリズム運動（第11回参照）に展開していくような、ユニットを「挿入する」という考え方を提案し、それを手によって表現しているのです。

〈スケルトン・インフィル〉という考え方があります。まず基本骨格をつくって、そこに住宅ユニットを入れていくというものです。これは〈ドミノ・システム〉の「骨格だけを与える」というシステムを充実化させたものと考えればよくわかるでしょう。それが１階層でなくメゾネットだったという点は重要です。平屋にはない吹抜け空間や、私的空間と公的空間の分節、これがモダン・リビングの原型として日本にも入ってくることになります。われわれはル・コルビュジエを通してメゾネット形式を知ることで、それまで単一の層でしか考えられなかった空間概念をさらに展開することができたと言えるでしょう。例えば前川國男（1905-1986）の《晴海高層アパート》（1958）は、このシステムをベースにメゾネット形式が取り入れられています。

またル・コルビュジエは、人体の寸法や黄金比などをもとに独自の寸法体系〈モデュロール〉を提案していますが、《ユニテ・ダビタシオン》でもそれは展開されています。モデュロールやメゾネット形式など、さまざまな試みが重なり合うことによって深みと内容のある形式がつくり出されました。そういう意味で、1950年代頃のル・コルビュジエの作品はとても充実していると言えます。

▶《ロンシャンの礼拝堂》

ル・コルビュジエの作品を見て建築家を志した人はたくさんいました。日本でも、前川國男、坂倉準三（1901-1969）、吉阪隆正（1917-1980）といった人々が、ル・コルビュジエに薫陶を受けました。そのほか、インドのバルクリシュナ・ドーシ（Balkrishna Vithaldas Doshi, 1927- ）など、第三世界からもたくさんの若者がル・コルビュジエのもとに集いました。ル・コルビュジエが多用した鉄筋コンクリートは世界中どこでも調達できる素材ですから、第三世界向きの近代建築だったのです。

そして、後期の造形的作品の決定打になったのが《ロンシャンの礼拝堂》（1955）です [**fig.4,5**]。これはもう〈モダニズム建築〉を突っ切って〈ヴァナキュラー（地域固有の）

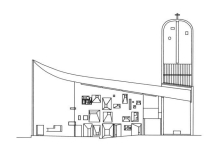

fig.4 ル・コルビュジエ
《ロンシャンの礼拝堂》(1955) 平面図

fig.5 同、断面図

建築〉の域に入っています。しかもモダニズムとヴァナキュラーの極限、双方を同時に
達成するような迫力があります。

　私は二十歳の頃にここを初めて訪れて衝撃を受けました。まず驚くのは、大きな石の
ような屋根です。人間がつくったものであるとは信じられませんでした。それに、大学の
講義で聞いていたようなモダニズムのディテールはほとんどありません。まるで自然の
岩場の間に、人間が後から住み着いたかのようなイメージでつくられています。彼はこ
のヴァナキュラリズムの頂点をモダニズム建築の渦中で実現してしまったのです。

　中に入ると、まったくモダニズムらしくない重厚な壁厚が目に入ります。南仏にあるロ
マネスクの至宝《ル・トロネ修道院》(1147、1200 年頃再建) の厚い壁を想起しますが、
礼拝堂に足を踏み入れると、むしろロマネスクよりさらに古い、まるで洞窟住居のような
空間が展開されています [**fig.6**]。

　しかし、極めて構造的で理知的なのは、大きな架構体をつくっておいて、そこに壁を
挿入している点です。皆さんは壁と屋根の間にうっすらと入っている線が見えますか。

fig.6 同、内観スケッチ　著者作成 ,1985

これは空隙です。つまり、この屋根は壁に支えられているのではなく、両側のコア部分によって支えられているのです。この表現は、この建築の形が人間に先行して存在していたかのような崇高性と同時に、人間の高い技術力をも表現しているという画期的なものなのです。屋根もとてつもなく大きな塊に見えますが、実際は通常のコンクリート板をたわめてつくっているだけで、その中は空なのです。

　彼は、初期に自分が提案した「近代建築の5原則」を、後期において自ら壊すかのように展開しているのです。

▶《ラ・トゥーレット修道院》

　さて、デザインするときに最も難しいのは、いかに自然なランダムさを生み出すかということです。デザインのなかにそんなランダムな秩序をも組み込もうとしたのが、ル・コルビュジエ晩年期の作品である《ラ・トゥーレット修道院》（1960）[**fig.7**] です。当時、ル・コルビュジエのアトリエには、ヤニス・クセナキス (Iannis Xenakis, 1922-2001) という、のちに現代音楽家になった人物がいました。彼がこの建物の開口部分の一見不規則な窓割りを設計しています。彼は建築設計やその後の作曲活動を通して、ランダムさのなかに秩序を見つけようとしています。

　《ラ・トゥーレット修道院》の主機能である修道院は教会とは違い、修道僧が生活しながら祈る場所、ようは聖なる村なのです。《ラ・トゥーレット修道院》は伝統的な修道院、閉じた共同体社会を近代社会においてつくろうとした、野心的な作品でした。さらにディテールを見ていきましょう。

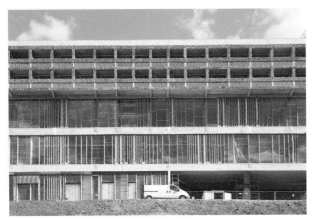

fig.7　ル・コルビュジエ《ラ・トゥーレット修道院》（1960）外観

fig.8 同、ガラスをそのままぶつけたような窓

fig.9 同、窓のディテール

fig.10 同、内観

fig.7-10 著者撮影

　アプローチを見ると、吉阪隆正の《ヴィラ・クゥクゥ》(1957)のトップライトに共通する、不思議な突き出した造形が目に留まります。中に入ると、ガラスをそのままコンクリートにぶつけたような窓が続いています [**fig.8,9**]。施工は美しいわけではないですが、むしろその粗さゆえに、彼がやろうとしたことの意図が伝わります。それまでは柱として構造的にもたせていたコンクリート壁を、ランダムに動かしてルーバーのような役目を与えています。このように、社会が都合で分けてしまった部材を再統合し、さらに説得力をもたせているのです。

　《ラ・トゥーレット修道院》は中庭型で、構造的にはこれまでのル・コルビュジエのプラ

トニックな幾何学を用いた要素が散りばめられています。訪問者は中庭を挟んでぐるっと回り、最後に長い廊下を通ってチャペルに入っていきます。チャペルに入るとまず、真っ暗な中に原色のトップライトの存在が目に入ります [**fig.10**]。赤と青と黄色を壁面に塗っているだけですが非常に特徴的で、さらに上を見上げると空も建築の一部であるかのような気さえします。

　この建物が完成して5年後、ル・コルビュジエは別荘のある地中海のカップ・マルタンの海岸での水死という最期を迎えます。その謎めいた最期も含め、非常にドラマティックで、近代で最も衝撃を与え、また成功した建築家だと言えるでしょう。

　ここで言う成功とは、彼の活動スタイルが世界に絶大な影響を及ぼしたということです。そのうえで、彼は自分から率先して殻を打ち破っていきました。モダニズムにおけるルネサンス的人間です。これを成功型の極限とすると、次に紹介するのは破滅型の最たる例だと言えます。

》**未来派**

　〈未来派〉はイタリアの急進的な愛国的芸術破壊運動で、特徴としてスピード狂、戦争賛美、女性蔑視などが挙げられます。シュールレアリスムが観念的な問題をフロイト（Sigmund Freud, 1856-1939）などの精神分析学に関連させながら精緻に理論化していったのに比べて、ダダイズムや未来派はどちらかというと直情型で、未来派はダダイズム右派のような一派でした。詩人のフィリッポ・トマーゾ・マリネッティ（Filippo Tommaso Marinetti, 1876-1944）が1909年に「未来派創立宣言」を発表したことが始まりで、「テクノロジー」と「都市」を美学の根底として据えていました。

　これは重要な点です。18世紀のピクチャレスクの時代に、エドマンド・バークが美と崇高性について述べた主題が、未来派によって書き換えられ、「自然」の位置に「機械」が置かれたのです。

　「宣言」を読むと、まずは自らの活動を暴力的で扇動的だと自覚していることがわかります。さらにヴェネチアやローマのような古式の世界には耐えられない、すべてを壊してしまおうという鬱屈した新世代の感情が見て取れます。実際に絵画を見てみると、運動をテーマにしているという点でキュビスムの亜流と言えますが、ここにはゴシックやバロックが地方に伝達したときに見られたような様式伝播の面白さがあります。

　こういう運動もあったのだということを心に留めて、マリネッティが発表した「宣言」を紹介しておきましょう。

1、われわれは、危険への愛、活力と無謀との性癖を謳いたい。

2、われわれの詩の本質的な諸要素は、勇気、大胆、反逆となるだろう。

3、文学はこれまで、物思いにふける不動性、恍惚感、眠りをたたえてきたが、われわれは、攻撃的な運動、熱狂的な不眠、体操の歩調、危険な跳躍、頬への平手打ち、拳の一撃を宣揚したい。

4、世界の輝きにひとつの新しい美、つまり速度の美がつけ加えられたことをわれわれは宣言する。蛇のような巨大な排気管で飾られたトランク付の、爆発のような呼吸で走行中の自動車、一斉掃射と戦うかのように咆哮する自動車は、「サモトラケの勝利」よりも美しい。

5、われわれは、ハンドルを握る男を謳いたい。ハンドルの理想的な軸は地球を横切り、地球の軌道のサーキットに突進する。

6、詩人は本源的な諸元素の激しい熱情を増大させるために、熱意、輝き、浪費によって力を尽くさねばならない。

7、美はもはや闘争のなかにしかない。攻撃的な性格をもたぬ傑作など存在しない。詩は未知の力に逆らい、それに人間の前にひれふさすよう命じるために、暴力的な強襲でなければならない。

8、われわれは諸世紀の岬に立っている。われわれは不可能の神秘的な扉を突き破らねばならぬ以上、自分たちの背後を眺めたところで何になるというのか。時間と空間は昨日死んだ。われわれはすでに遍在する永遠の速度を創造したのだから、われわれはすでに絶対のなかで生きている。

9、われわれは世界の唯一の衛生法である戦争、軍国主義、愛国主義、無政府主義者の破壊的な身振り、殺すという美しい観念、女性蔑視をほめたたえたい。

10、われわれは博物館、図書館を破壊し、道徳至上主義（モラリスム）、女性解放主義（フェミニスム）、およびあらゆる日和見主義的で功利主義的な怯懦と戦いたい。

11、われわれは労働、快楽、反逆に衝き動かされる大群衆を謳おう。現代の首都にあふれる革命の多色で多声の返し波、兵砲工廠や建築作業現場の電気の暴力的な月光に照らし出された夜の振動、煙を吐く蛇のむさぼり食い嚙み込む駅、煙の紐で雲から宙吊りにされた工場、日光に照らし出された大河の悪魔のごとき刃物の上に、身を投げ出した体操家の跳躍の橋、水平線を嗅ぎまわる冒険的な商船、長い排気管の馬靱をつけた鉄製の巨大な馬のような、鉄路の上を蹴る機関車、プロペラが旗のはためく音と熱狂的な群集の拍手喝采をそなえた飛行機の滑るような飛行を謳おう。

—— F・T・マリネッティ「未来派宣言」★A

▶ アントニオ・サンテリア

　　未来派に属した建築家、アントニオ・サンテリア（Antonio Sant'Elia, 1888-1916）を紹介しておきましょう。彼はイタリアに生まれ、ちょっとしたきっかけで未来派に属し、そ

してこの美術運動に属したことによって死にました。彼が死んだのは1916年です。その理由を少し考えてみてください。彼の時代は、第一次世界大戦をはじめとして世界の激動期でした。18世紀には、同じように激動であった革命期に、エティエンヌ・ルイ・ブーレーやクロード・ニコラ・ルドゥーなど新たなビジョンをもった人物が登場しましたが、サンテリアはちょうどそんな人々にも近い建築家だったと言えるでしょう。

　彼は1914年に未来都市のビジョンを描いた《新都市――2000年の都市に向けて》というドローイングを、画家・彫刻家・建築家などのグループ「新傾向」の第1回展に出展すると、これが大きな話題になりました [**fig.11**]。「(新しい)都市は、あらゆる部分が喧騒に満ち、軽快で、動きやすく、ダイナミックで、巨大な工事現場に似たものだ。そして、巨大な機械にも似た現代住宅を創造し、建設しなければならない」(「未来都市の考古学」展カタログ★B)。

　《新都市》のドローイングを見ると、部分的には、現代のタワーマンションのようでもあります。また、彼は工場のドローイングも描いていますが、そのモチーフは明らかに発電所です。そこでは電力によって巨大な動力を生み出している様が表現されています。ほかにもダムをモチーフにしているようなものもあり、彼が巨大な土木スケールで都市を考えていたことがわかります。このようにサンテリアは、人間ではなく機械が生み出した形態を建築に取り込んだ人です。つまり、19世紀の産業革命の際に見られた、大型機械がそのまま建物になったかのような建築を現代のリアリティと考え、機械主体のダイナミックな社会像を展開したのです。

fig.11 アントニオ・サンテリア《新都市》(1914)

彼は《新都市》の発表と同年、1914年8月に未来派に参加しました。彼のスケッチが未来派の人々の目に留まったのでしょう。未来派の発起人であるマリネッティは芸術家こそ戦争に参加すべきであるという芸術家参戦論を展開していましたが、それによって兵に志願したサンテリアは、第一次大戦で戦死してしまいました。

》ロシア構成主義

　次に紹介するのは〈ロシア構成主義〉です。第一次世界大戦の最中の1917年にロシア革命が起こりました。その後の内戦を経て、ウラジーミル・レーニン（Vladimir Lenin, 1870-1924）率いるボルシェビキが勝利し、1922年にソヴィエト社会主義共和国連邦が誕生しました。ロシア構成主義はこの世界初の社会主義国家誕生のなかで生まれた芸術運動です。ソヴィエトパレスの設計競技にル・コルビュジエが応募していたように、ロシア革命以降の10年間は、当時の芸術家たちの極めて先鋭的な活動を国家が許容していました。その後、これらの芸術家たちによる作品は労働者階級から遊離しているのではないかという揺り戻し（スターリニズム）が起こり、ロシア構成主義者たちの活躍の場も急速に狭められていったというのがだいたいの筋書きです。

　ロシア構成主義はキュビスムやシュプレマティスムの影響を受けました。その特徴を見ると、従来の芸術の死を宣言するという未来派との同時代性も感じられます。しかし、産業や労働と結びついた新しい芸術のあり方として自らの活動を定義しているところが、他の芸術運動と違う点です。ロシア構成主義は産業と人間と社会を構成、連結する「（芸術）行為」を考えようとしました。いずれにせよ政治と芸術が論争的に入り混じるロシア構成主義の世界を手短に伝えるのは無理がありますし、多くの研究書が出ていますから、詳しくはそちらを参照していただくとして、とりあえず覚えておくべき有名な作家を4名ほど紹介するにとどめます。

▶ウラジーミル・タトリン

　タトリン（Vladimir Tatlin, 1885-1953）はまず、1914年から「カウンター・レリーフ（コーナー・レリーフ）」と呼ばれる一連の作品を制作しはじめました。当時レリーフとは安定した壁面に置かれるものでしたが、彼は金属や木片などをブリコラージュ（あり合わせの手段、素材で制作すること）してワイヤーなどで分散、構成、固定したのです。さらにこのシリーズにおいて部屋の隅に置かれるレリーフでは、その物質としての構成や実体感がさらに強調されています。これはレリーフを成立させていた従来の芸術の平面を揺るがし

fig.13 同、模型

fig.12 ウラジーミル・タトリン《第三インターナショナル記念塔》(1919)
CGプロジェクト:長倉威彦
作成:Andrzej Zarzycki, Takehiko Nagakura, Dan Brick, Mark Sich

た作品でもありました。

　彼は混沌とした当時を彷彿とさせる荒くれ者のエンジニアにしてデザイナーであり、その活動は大胆でした。若い頃は水兵として中近東を航海したり、ロシア革命後は芸術学校で教鞭を執りました。またミュージシャンでもありました。

　その彼がソ連成立を祝した塔として1919年に発表したのが、高さ400mの鉄骨製《第三インターナショナル記念塔》です [**fig.12**]。《エッフェル塔》とは違って、ジャンプ台かロケット発射台のように斜めにつくられています。この斜め感覚はロシア構成主義に通底しているものです。後でその意味について考えてみることにしましょう。結局、この塔は実現せず、彼は最終的に高さ4mに及ぶ模型を作成、展示しました [**fig.13**]。もしこれが実現していたら世界遺産になっていたことは間違いないでしょうし、もはや宇宙遺産と言ってもよいでしょう。

▶ エル・リシツキー

　リシツキー (El Lissitzky, 1890-1941) はさまざまなグラフィックや家具、建築、そしてファッションまで手がけました。またシュプレマティズムが示した幾何学的抽象を、現実の生活空間や建築モデルに応用することを目指した〈プロウン (Proun)〉(新しいものの肯定のプロジェクト) を構想し、作品制作によってそれを浸透させようとしました。そのような思考法が、彼の制作活動の分野の隔てのなさを生んだのでしょう。リシツキーの建築作品には、《レーニン演説台》(1920) [**fig.14**] があります。実際に建設はされませんで

fig.14　エル・リシツキー《レーニン演説台》(1920)

fig.15　エル・リシツキー《雲の階梯》(1925)

したが、これはレーニンが身を乗り出して演説する様子から、斜めの動きを形体に取り込んだものです。これもタトリンの《第三インターナショナル記念塔》と同じく斜めですね。

　彼の作品や活動からは理性を強く感じます。例えば《雲の階梯》(1925)[**fig.15**]は、既存の街並みから少し浮いたように建築ユニットを連結していくプロジェクト案です。このような建築の都市構成への拡張の思考は、1960年代の日本で大々的に展開したメタボリズム的発想の原型とも言え、これが1925年という早い時期に獲得されていたことは驚きです。これも実現はしませんでしたが、いま建設されていてもおかしくないし、むしろ今後つくられそうな気配すらします。ここにも、先ほどの斜め感覚とは違いますが、同様の飛行的な視点が内在しています。それが何かはもう少し後でお話しします。

▶ コンスタンチン・メーリニコフ

　メーリニコフ (Konstantin Stepanovich Melnikov, 1890-1974) は構成主義者のなかでは《ルサコフ労働者クラブ》(1928)[**fig.16**]や《自邸》(1929)など、実現作の多い建築家です。というのも、彼はスターリニズム時代の要求を受け入れつつ生き残った人物だからです。重厚長大な権威的様式を復活させようとしたスターリニズム期のなかでの有名な作品に《重工業省設計競技案》(1934)[**fig.17**]という提案があります。メガストラクチャーで、まるでアニメに出てくる悪の帝国の議事堂のひな形のようです。実現性の低い計画ですが、伝統主義への単純な回帰というよりアニメ的に見えるのは、やはり

fig.16 コンスタンチン・メーリニコフ
《ルサコフ労働者クラブ》（1928）

fig.17 コンスタンチン・メーリニコフ
《重工業省設計競技案》（1934）

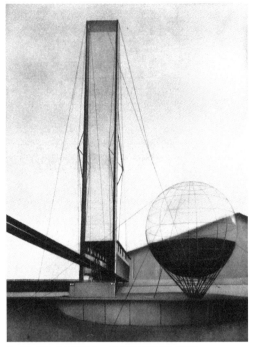

fig.18 イワン・レオニドフ《レーニン研究所設計案》（1927）
出典：Wasmuths Monatshefte für Baukunst, März 1929

ここにも何かSF的な要素があるからなのです。

　彼は構成主義に感化される以前には伝統的なデザインを手がけていたこともあり、折衷を試みつつ構成主義的な要素を残そうとしました。例えば、《コロンブス記念塔案》（1929）という作品は大変構成主義的で、軽くて重力を外したような建築です。そう、重力を外したような建築、これがロシア構成主義建築の最大の特徴なのではないでしょうか。

▶ イワン・レオニドフ

　メーリニコフが、後半不遇をかこったとはいえ、相応の数の建築作品を残したのに対して、最も天才的で最も悲劇的な人物がレオニドフ（Ivan Ilich Leonidov, 1902-1959）です。彼の建築的一生はほとんど設計提案に終始してしまいました。その計画も、特に後期は私的なユートピア的イメージが強くなっています。

　レオニドフは構成主義の第二世代で、第一世代からその才能を見抜かれ、デビュー作のプロジェクト（卒業設計）である《レーニン研究所設計案》（1927）[fig.18] は、当時

のソヴィエトの建築雑誌で破格の扱いで掲載されました。

　彼の構想は端的に言えば宇宙的で、人間活動をはるか上空から鳥瞰しているような設計をしました。労働者クラブの設計案では、従来のレクリエーション活動に加えて、物理学、化学、映画、工業生産、天文学等についての研究所を含む提案をしました。また、別プロジェクトでは情報空間を予見する検討も含まれていました。設計による社会空間の再編成が明瞭に意識されています。しかし、これはスターリニズムの体制のなかでは明らかにやりすぎで、彼は批判されて活動の場を急速に奪われていきました。第二次世界大戦中から晩年の1959年まで、彼は《太陽の都計画》(1957-1958) と名づけられた一連のドローイングを描きますが、そこでは、なかなか明瞭に読み取ることのできない複雑な有機的世界が展開されています。

▶ 宇宙のためのデザイン

　ここまでに挙げたロシア構成主義の特徴をまとめると、「斜め」「飛行的」「重力外し」「宇宙的」「鳥瞰的」となりました。ロシア構成主義は権威化し絶対化する国家との関連性のなかでその活動を早期に変質させていきましたが、唯一 (と言っていいと思いますが)、そのデザインが有効に残ったデザインフィールドがありました。それは宇宙です。

　アメリカとソ連の宇宙関係のデザインを比較すると、明らかにその思想が異なります。アメリカは流線型を採用しています。もちろん大気圏内において流線型は飛行に不可欠な要素なのですが、真空の宇宙空間においては絶対条件ではありません。ですから流線型が残る宇宙船は、やはりアメリカ型宇宙様式なのです。

　一方、ソ連の宇宙船を見てみましょう。それはまるでメカニックな蛸、もしくは串団子のようです。実はこれは構成主義の残滓なのではないでしょうか。宇宙に出れば重力や空気抵抗は関係ないので、宇宙ステーションの原理はソ連の考え方のほうが正解なのかもしれません。ソ連の世界初の人工衛星「スプートニク1号」は、直径約60cmのアルミの球体に4本のピンと張った細いアンテナが取りつくというものでした。このアンテナの取りつき方のデザインは、宇宙デザイン史に残る傑作だと私は思います。

　さて、時代は過ぎ、私が10歳のときのことですが、1975年に「アポロ・ソユーズテスト計画」というアメリカとソ連の有人衛星が宇宙でドッキング、握手する計画がありました[fig.19]。冷戦が少し緩んだ時期でした。ここで重要なのは、異なるデザイン世界をつなぐためのアダプタの存在です。なぜアダプタが大きいのかというと、ドッキングのためのアダプタリングももちろんですが、そもそも宇宙船内の気圧が違っていたからです。2つ

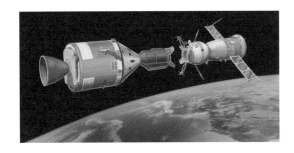

fig.19 アポロ・ソユーズテスト計画
(1975)

の宇宙船はアダプタを通して、その内部の世界を徐々に同じ状態に変化させていったというわけです。

　舞台は宇宙であるにもかかわらず、宇宙デザインは極めてドメスティックなものでした。そのような隙間にロシア構成主義が生きてきたのだとしたら、私は少し嬉しい気持ちになります。

≫バックミンスター・フラー

　さて、「モダニズムの極北」最後の登場人物は、バックミンスター・フラー（Richard Buckminster Fuller, 1895-1983）です。フラーはマサチューセッツ州出身の建築家、数学者、発明家、思想家です。

　彼が提唱した重要な理念はたくさんありますが、まずは〈ダイマキシオン〉です。これは、「ダイナミック」と「マキシマム」と「テンション」を合わせた造語で、最小の労力で最大の効果を得ようとするデザイン思想です。経済学的な概念ですね。頑張って徹夜すればよい作品がつくれると思っている学生の方に、そうではなさそうだということを気づかせてくれる、よい概念だと思います。

　当時のアメリカには、急進的な思想をもった人々がヨーロッパから多く流入してきました。プロテスタントの急進派であるピューリタンの人々などです。そんな人々によってつくられた実験的な環境にフラーは生まれたのです。彼の大叔母はマーガレット・フラー（Sarah Margaret Fuller, 1810-1850）といって、アメリカ東海岸の文学運動を支えたアメリカ文学史上非常に重要な人物でした。その背景には、ピューリタニズムから発展した〈トランセンデンタリズム（超絶主義）〉がありました。これはアメリカ文学の古典的作品を生んだ知的な運動でした。『若草物語（Little Women）』のオルコット（Louisa May Alcott, 1832-1888）やエマーソン（Ralph Waldo Emerson, 1803-1882）などが有名です。彼らは自然や人間自身に神性が内在すると強調し、個人の独立と精神の修養

を重んじていました。当然、理想の生き方も、世界への尽くし方も日頃から検討されていたはずで、フラーの思想はそのような背景なしに考えることはできません。

　彼は、海軍の船乗りを務めたのちに、さまざまな新技術を用いた建設ベンチャーに乗り出しますが、あと一歩のところで採算が合わず、数度の倒産を経験しています。ル・コルビュジエと同じようにメディアをつくり、雑誌『SHELTER』を創刊しましたが、ル・コルビュジエほどには受け入れられず、たった5号でつぶれてしまいました。しかし、そのビジョンに魅せられ、彼を応援する出資者も多くいました。

　初期の作品として有名なのは《4Dタワー》（1928頃）、《ダイマキシオン・ハウス》（1929）、《ダイマキシオン・カー》（1933）などですが、いずれも大胆な構想です。それには彼が正規の建築教育を受けていなかったことが幸いしているのかもしれません。

　《4Dタワー》は、飛行船を使って一軒のレンガ造の家より軽いアルミ製のビルディングを運び建設する計画です。基礎を掘るための穴は飛行船から爆弾を落としてつくったりと、かなり無茶なSFですね[**fig.20**]。

　《ダイマキシオン・ハウス》[**fig.21**]は、のちに少数が実現した住宅建築プロジェクトです。設備系も含めてアルミを大胆に用い、あらかじめ工場で生産されます。1945年に実現化したこのシリーズの《ウィチタ・ハウス》[**fig.22**]は、プロダクトとして、移動、建設のプロセスが緻密に計算されていました。各部材はひとりで楽に運べるくらいに軽く、また部材の総量もトラック1台か2台分に収まる分量でした。最初に支柱を立てておいて、そこから放射されたホイール状のワイヤー・テンションに応じて各部材をつり上げ、組み立てていきます。特殊な形状をした屋根は風向きに応じて自然に回転し、換気を行う仕組みになっています。ル・コルビュジエは住宅を「住むための機械」であると述べましたが、

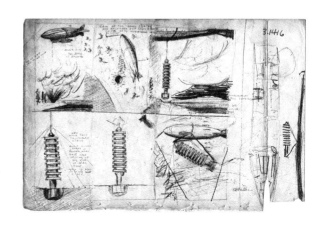

fig.20　バックミンスター・フラー
《4Dタワー》（1928頃）
Courtesy, The Estate of
R. Buckminster Fuller

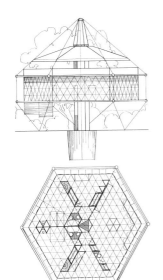

fig.22 バックミンスター・フラー《ウィチタ・ハウス》(1945)

fig.21 バックミンスター・フラー
《ダイマキシオン・ハウス》(1929)
立面図と平面図

この、本当の意味での「住むための機械」は、実際に注文まで取りつけていました。しかし、フラーの完全主義のせいで、結局市場に出回ることはありませんでした。

　《ダイマキシオン・カー》[fig.23]もまた、量産化まで至ることのなかったプロダクトです。「魚のような流線型」「三輪」「後輪一輪による操舵」という革命的なアイディアが盛り込まれています。三輪は三脚と同じく大地に設置するには最も安定しているという理論に則り、また後輪一輪による操舵は、走ったときに予想もしないほどの小回りを利かせたりもするのですが、このシステムは走行中の風に対して決定的に弱いものでした。

　というように、理論から世界を再構築しようとするときにどこかが足りないフラーの案なのですが、彼はこののちに究極の構造体を完成させました。これを〈ジオデシック・ドーム〉、通称〈フラードーム〉と言います。1940年代から徐々に開発が続けられていたこのドームは、ほぼ正三角形に近い形で多面体を分割し、再構成したものです。万博会場の仮設ドームなどで現在日常的に用いられています。日本でも富士山頂のレーダー観測所のドームとして採用されましたが、軽量なので現地までヘリコプターで運ばれて設置されました。

　このドームは乱暴に言えば、三角点によって部材を連結することで強固なドームが形成されるところがミソでした。それさえ守ればいろいろなバリエーションをつくることが可能なのです。軽い、早いという施工上の利便性があり、その利便性を重んじた分野で

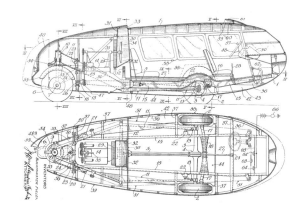

fig.23 バックミンスター・フラー
《ダイマキシオン・カー》（1933）
fig.21-23
Courtesy, The Estate of
R. Buckminster Fuller

重宝されました。このドームが受け入れられた分野とは、軍隊とヒッピーでした。まった
く性格の異なる人々ですが、どちらも、劣悪な環境で活動しなければならないという極
端な生活環境という点において共通しています。アメリカの西部にヒッピーのコミュー
ンがつくられたとき、いくつものフラードームが建てられました。

　そしてフラーは、次第に時代の指導者として崇められるようになっていきます。決定
的に重要な〈宇宙船地球号〉（1963）という概念を提唱したことがその一因でしょう。こ
れは、消費する一方の政治経済システムを批判し、地球が有限であることをベースとし
て地上での持続可能な諸活動を総合的に考えなければならないという主張でした。

　彼はここで資本主義を超えた理念を提示したわけですが、その背景には生きることの
自立を目指したアメリカのトランセンデンタリズムの魂が燃えていたに違いありません。
フラーの後期から晩年にかけては、彼が記録魔であったことから、映像がよく残っていま
す。インターネット上には全42時間に及ぶ連続講演会などがアップされています。この
ような記録のされ方も含め、フラーの軌跡にはアメリカ的ユートピアの理念が刻まれて
いると言ってもいいでしょう。皆さん、モダニズム建築の究極を学ぶにはフラーをまず勉
強してください。

参考文献・資料
★Ａ　Ｆ・Ｔ・マリネッティ「未来派宣言」（松浦寿夫訳）、『ユリイカ』1985年12月号　特集＝未来派
★Ｂ　『未来都市の考古学』（東京新聞、1996）
★Ｃ　八束はじめ『増補版 ロシア・アヴァンギャルド建築』（LIXIL出版、2015）
★Ｄ　ヨアヒム・クラウセ、クロード・リヒテンシュタイン『ユア・プライベート・スカイ——バックミンスター・フラー』（ラルス・ミュ
　　　ラー社、2001）

Ⅲ

近 代 ＋ 日 本 ＋ 建 築

「 近 代 ＋ 日 本 ＋ 建 築 」 へ の 招 待

　前回の未来派やロシア構成主義、そしてバックミンスター・フラーのダイマキシオンで、西洋におけるモダニズム建築の極北を紹介し終わりました。21世紀の現在をいかに考えるかは、この講義を通して最後のほうでまた検討していきたいと思います。

　さて、ここからは日本近代建築の世界に入ります。そのイントロダクションとして、少しこの「日本近代建築」という言葉を考え直してみたいと思います。

》「近代」「日本」「建築」

　この「近代建築史」講義のはじめに、広義の意味での〈モダン＝近代〉とは、西洋においてはルネサンスから始まると申し上げました。この観点を日本に適用すると、〈モダン＝近代〉は、安土桃山時代に始まり江戸時代に代表される「近世」と、明治時代から始まる「近代」とを合わせた期間に相当すると考えられるでしょう。そうすると明治時代から語られることの多かった「日本近代建築」とは、西洋における折衷主義の影響を受けた明治期の様式建築の学習・展開期と、その後に日本でも始まった〈モダニズム＝近代主義〉とが含まれた時代と考えることができます。

　そんな日本近代建築を、先の〈モダン＝近代〉に合わせたかたちで講義するにあたって、「日本近代建築」をどう考えるかというフレームワークについて検討する必要があります。それはごくシンプルで、「日本」と「近代」と「建築」を重ねたものです。ただし、これを成立した時代順に「近代」「日本」「建築」と並べ替えたほうがより明確になるだろうというのが、私の主張です。

　まず大航海時代（15世紀半ば〜17世紀半ば）、最近では「近代世界システム」★1と呼ばれる世界的な経済流通が始まりました。これが〈モダン＝近代〉の始まりです。しかし、幕府はそれに対して鎖国という緊急対抗措置を取り、輸出入を極度に制限、管理しました。そして、次第に「日本」という国民国家体制が江戸時代半ばの18世紀に国学★2によって思想化され、それが明治政府において制度化されました。

　さらに、明治政府は国家としての「日本」の主体性を保持するために、西洋の文明を対抗的に急速に取り入れようとしました。そのときに建築という、建造物を意味ある機能、形にまとめ上げる技術や概念が西洋的文脈からもたらされました。つまり、建築とは「近

代」＋「日本」を形としてまとめる技術・芸術なのです。

》グローバリズムとローカリズムの同時一体性

さて、この経緯を見ると、「日本」は近代世界経済のシステムにおいて、領土を主体的に確保するための、政府による調節装置と考えることができます。ようはゲートを立てて外と内とをつくり出そうとするものです。しかし、このような対立は現在の世界経済にも当てはまりませんか？ 少し言葉を挙げてみましょう。

世界的なもの vs 日本的なもの
近代世界システム vs 鎖国
帝国 vs ナショナリズム
自由主義 vs 保護主義
グローバリズム vs ローカリズム

こうやって列挙してみると、近代世界システムと国家という枠組みが、強固に続いてきていることは明白でしょう。同時に面白いことは、これら対立するセットが次第に現れてくるというよりは、一方が現れれば直後にもう片方も、ほぼ同時に成立しているという点です。このセットはほとんどコインの表と裏のように並走する対立概念なのです。この対立を形としていかに統一しうるかが近代日本建築での表現上の見せどころになります。

近代日本の歴史のなかでこの世界的なものと日本的なものという対立する2つの軸が、一瞬だけ交差した時期があります。それは、日本が未曾有の経済成長を遂げた1960年代です。このとき、「日本的なもの」＝「世界的なもの」という構図が生まれました。この特異な状況に形を与えたのが、ほかならぬ丹下健三（1913-2005）であり、日本的なモチーフが世界のモチーフとなりうる建築表現を獲得しました。それ以降の日本では、その2つの軸は再び遠ざかっているようですが、それら時代と建築の関係はこれからおいおい話していくことにしましょう。まずはそのような近代日本建築の歴史のなかで、真っ先に知っておくべき発明的な建築群を紹介したいと思います。

★1　イマニュエル・ウォーラーステイン（Immanuel Wallerstein, 1930-2019）が著書『近代世界システム』で展開している概念。大航海時代から始まる略奪、植民地化、交易などを通して西洋は富を獲得し、反対に東洋では資源を奪われた。I・ウォーラーステイン『近代世界システム（I-IV）』（川北稔訳、名古屋大学出版会、2013［原著1974-2011]）参照。
★2　「江戸時代中期から後期にかけて発達した古典研究の一学派、またはその学問。…… 儒教、仏教渡来以前の、日本固有の精神、文化を明らかにすることを主たる目的とする」（『ブリタニカ国際大百科事典』より）。つまり国学とは、国家が原始より存在することを前提とした文化「復元」学である。

第 9 回

白 い く り が た

様 式 的 自 由 と 擬 洋 風 建 築

≫ 本格的西洋建築の移入以前に日本で起こったこと

　徳川幕府から明治政府へ、江戸から東京へ、将軍から天皇へ、国中が大変動を起こしていた1868年、築地に外国人専用の宿泊施設である《築地ホテル館》が誕生しました。設計者ならびに施工者は、横浜の居留地で活動していた、いわくありげな西洋人建築家リチャード・ブリジェンス (Richard P. Bridgens, 1819-1891) と、彼とタッグを組んだ大工棟梁の二代清水喜助 (1815-1881) です。ところが幕府が瓦解してしまって、このホテルは請負師でもあった清水自身が経営することになります。ホテルの規模は、正面に塔屋をもった木造2階建てで、幅70m、奥行き60m、102室を擁する大きなものでした。

　さてこのホテル、後で紹介しますが当時大変な話題となり、文明開化の東京を代表する建築として全国津々浦々に知れ渡りました。いまで言えばスカイツリー建設時以上の話題をさらったと思ってください。つまり、明治の始まりを象徴する建築が江戸時代からやってきた大工棟梁によって建設されたわけです。《築地ホテル館》建設の意味を探るために少し当時の状況を細かく見てみましょう。

1840（天保11）	英国、清国間にアヘン戦争勃発。
1844（弘化元）	オランダ軍艦、長崎に来航。開国勧告の国書を渡す。
1853（嘉永6）	アメリカ東インド艦隊司令長官ペリー、軍艦4隻を率いて浦賀に入港（黒船来航）。
1867（慶応3）	大政奉還、王政復古の大号令（1868）を経て、江戸幕府解体。
1868（慶応4／明治元）	二代清水喜助による擬洋風の《築地ホテル館》が完成。明治政府誕生。
1870（明治3）	工部省発足（1873年に開化派の伊藤博文が初代工部卿に就任）。
1877（明治10）	工部大学校設立、イギリス人建築家J・コンドル、造家術を指導。
	2年後の初の卒業生に辰野金吾ら4名。

| 1886 (明治19) | 造家学会 (現・日本建築学会) 設立。翌年より会誌『建築雑誌』発行。 |
| 1889 (明治22) | 木子清敬、工部大学校で「日本建築」の授業を開講。 |

　明治という新政府が誕生した原因のひとつは明らかに西洋からの外圧でした。1840年にイギリスがアヘン戦争を口実に清国に侵略します。その4年後、オランダ国王が日本に対して開国を勧告しています。その後、アメリカのペリーが黒船来航を果たします。軍艦4隻を引き連れて幕府に開国を迫ったのですから、これは威嚇です。仕方なく幕府も居留地という地域限定で半開国を行いました。ますます外圧が高まるなか、国内でもその対応をめぐって紛糾し、尊皇攘夷の嵐が吹き荒れていました。その際、外国に対して対抗的な人たちほど、西洋文明を取り入れようとするねじれがありました。というのも、西洋における産業革命の進行が、彼らに西洋化のない国家の成立は不可能であることを悟らせたからです。ですから、近代日本の欧化政策は単純な西洋への同化ではなく、あくまでも「日本」を守るために西洋の技術という鎧を自分たちもまとおうとするものでした。それが和魂洋才です。

　明治政府が誕生してから、日本はさらに西洋化に邁進しました。工部省の発足後、1877 (明治10) 年に工部大学校が設立され、本格的な西洋建築教育が始まりました。そして、1889 (明治22) 年にはもともと大工棟梁の名家出身であった木子清敬 (1845-1907) による「日本建築」の授業が始まりました。伝統建築の再評価が始まったわけです。

　つまり、流入してくるグローバリゼーションの波に対して政府は対抗的フィルターを徐々に外し、着実に国内を西洋化していきました。すると、同時に日本のアイデンティティを確保しようと日本建築が学問として再認識されていきます。これらの対立関係は近代日本建築のイントロダクションでも紹介したように、コインの表裏のようなセットであることがよくわかると思います。

　それに対して《築地ホテル館》の建設はちょうど明治の始まりの時期です。つまり、まだ明治政府が本格的な建築を取り入れる前です。江戸と明治とのミッシングリンク、文明開化の本当の始まりのときに巷を沸かせたのが、日本在来の大工棟梁たちによる建設活動だったのです。

》E・W・クラーク設計による家の建設について

　それら大工棟梁たちによる文明開化時代の建築、のちの日本の建築家、専門家の

人々が侮蔑を込めて〈擬洋風〉、つまりニセモノと呼んだ建築が始まります。それらは明治10年代後半に、本格的な建築教育を受けた人々による本格的な西洋建築に取って代わられることによって終焉します。私は擬洋風建築が好きなので語っていると少し熱くなるのですが、この短い間に日本人大工たちが発揮した能力は相当に誇れるものでした。それを細かく見るために、旧静岡県に雇用されたアメリカ出身の語学などの教師E・W・クラーク（Edward Warren Clark, 1849-1907）による、日本人大工たちを使った家づくりの記録を紹介しましょう。

　当時、20代半ばだったクラークは、1872（明治5）年に駿府城内西北隅の外濠の土手上に、石造2階建ての洋風の自邸を建設することになりました。その建物はバンガロー風の佇まいでした[**fig.1-4**]。建設にあたって日本人大工たちと共同作業を行うのですが、クラークは素人であったため大工がクラークの提案を彼らの技術で補って進められていきました。クラークが著した日本滞在記『Life and Adventure in Japan』には以下のような記述があります。

　この地方の日本の大工は、まだ洋館を見たこともなく、現代の建築法にも精通していなかったし、それにわたし自身もどうしても建築家とは言えないので、はっきり指図することはできなかった。……そこでわたしたちは、あらゆる障害に打ち勝つ決意をした。わたしが注意して設計図を書き、そして六ヶ月近くの間、石工や大工がその施工に当った。……この仕事はままごとではなかった。平面図と部屋割を精密に書くだけではなく、家の内外の一切のことを説明しなければならなかった。なにしろ、それらに関する日本の大工の知識たるや月世界の人間同然だったから、扉、窓、戸棚、煙突その他こまごました製図をした上で、絵に寸法を入れて大工頭に渡さなければならなかった。かれらが実物を見たことがないために、時には甚だおかしな問題が起きた。大工たちは、信じられないほど模倣が巧みであった。かれらは図解された物の最も完全な小さいひな型を作って来た。修正を要することはめったになかった。

── E・W・クラーク『日本滞在記』[★A]

　いろいろ面白いことが書いてあります。まずはアメリカの住宅建築に対して大工たちは月世界の住人のように無知であったということ。にもかかわらず、彼らは素人であるクラークの解説を聞き、彼の素人図面を見ながら、クラークの要求をほぼ「忠実」に再現していったのです。これは見過ごせません。

　煙突の逸話が残っています。クラークは煙突をつくりたかったのですが、それをうまく説明できません。大工たちの前には屋根の上に石の塔が載っている絵があります。常

fig.1 E・W・クラーク《クラーク邸》(1872)
出典：*Life and Adventure in Japan*

fig.2 同、外観

fig.3 同、内観

fig.4 同、ベランダ　クラークと友人が読書をしている様子
fig.2-4 早稲田大学図書館蔵

識では考えられません。大工たちは石工たちに尋ねて、この石の塔は1階から独立して積み上がっていることを類推しました。つまり、彼らはこのとき初めて煙突の概念を獲得したわけです。彼らにとってみればこれはほとんど発明に等しいでしょう。

　クラークが勝海舟（1823-1899）に送ったという貴重な家づくりの写真記録が早稲田大学の図書館に所蔵されていました。その記録を見ると、クラークの家がまるでUFOのように日本の風景に降り立った印象を受けます。濠の上に建った彼の家は白く塗られていました。そのベランダに、クラークと日本の友人が思い思いに腰掛け読書をしています。ベランダが地面に接するエッジの鋭さは超現実的です[**fig.4**]。その背後に、日本の家並みが見えています。当時この白い家の存在は相当新しかったに違いありません。

　さて、ここまでを振り返ることで、私たちは、「みようみまね」という本来あまり高い評価を与えられていない人間の能力に、新しい光を投げかけることができます。日本人大工たちはクラークの不十分な説明によって、それまで見たこともない西洋式の石造住宅をつくる羽目に陥りました。しかし、日本の大工たちは結果的にクラークの思いとほとんど

変わらないものをつくることができました。これはどういうことなのでしょうか？

　それは日本人大工たちに、すでに高度かつ抽象的な理解能力が備わっていたと思うしかありません。これが「みようみまね」の第1法則です。「みようみまね」が可能になるためには、その背後に優秀な「形態把握能力」が必要なのです。では、なぜ大工たちはそんな高度な能力をもっていたのでしょうか。

≫和洋の境を紛らわす

　2世紀以上続いた鎖国体制のなかで、国内の建築文化は独自に発達していました。戦国時代以来つき合ってきた幕府お抱えの大工たちは、名家となって官僚化していきます。彼らによって伝えられた木割（きわり）と呼ばれる建築の標準モジュールなどが、いまに言う教則本のような建築書の流布によって発達しました。それによって社寺などの宗教建築の様式が固まったのみならず、規格化された都市住宅としての町家などが建設されました。例えば京都、大阪などの都市地域では、ある家の建具は別の家でもそのまま使えるため、建具の中古市場が発達したほどでした。その意味で、江戸時代は隅々の都市庶民までもが建築文化を享受していました。

　日本における先の建築書の流通は、特筆すべきものでした。18世紀になると、技術の優位を確保しようとした初期の一子相伝から一転して、その体系が積極的に版本として公開されはじめたのです。当時の建築書を見ると、すでに見上げ図や断面図などが三角法的に編集されています[**fig.5**]。また、当時から支配層には西洋文化が流入しており、秋田の大名の佐竹義敦（1748-1785）が描いていた『写生帖』では、ヴァザーリ（Giorgio Vasari, 1511-1574）の螺旋階段の写しが残っています[**fig.6**]。

　日本初の建築用語集である溝口林卿（生没年不明）著『紙上蚕気』（1758）では2,300

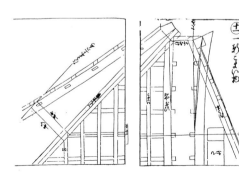

fig.5 『匠家極秘伝集』（1727）
部材の収め方の幾何学的解明を書いた規矩術書

もの建築用語を収録しています。「紙上蜃気」という書名と表紙絵に注目してみましょう [**fig.7**]。それは、この書物を読むことによって紙の上で蜃気楼の建物が建ってしまうということを示唆しています。これらを含め、日本の大工の技術や抽象的把握能力が、当時相当高度であったことがわかります。時は宝暦（1751-1764）、西洋におけるのとほぼ同時期に日本の啓蒙時代があり、知識が公開されていったのです。

　そして幕末期の建築書では、その抽象性がさらなる高みに達していることがわかります。官僚化していた大工名家が威光を示そうとして、なんと若手の和算家を婿入りさせました。現場のことがわからないと揶揄されたその元和算家の棟梁・平内廷臣（1799-1856）が奮発して世に問うたのが『矩術新書』（1848）[**fig.8**] です。彼は日本建築の難しい屋根の処理、特に反りと呼ばれる曲線のつくり方を幾何学として解きました。軒の

fig.6　佐竹義敦『写生帖』

fig.7　溝口林卿『紙上蜃気』（1758）表紙

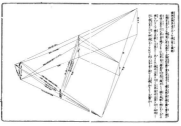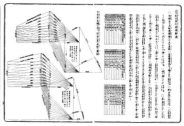

fig.8　平内廷臣『矩術新書』（1848）

勾配の一覧をつくるなど、その仕事には鬼気迫るものがあります。

　また、より一般的な建築書になると、ひな形書と言われるパタン・ブックがあります
[**fig.9**]。地方の大工たちでもある程度形式を保った建築を建てられるようにと刊行され
た、建物に用いる模様や装飾の図柄などを載せた書物です。明治時代のひな形書では、
西洋建築的装飾も扱われました。

　こうした背景が生み出したのが、《クラーク邸》（1872）だったのです。濠の外から見た
《クラーク邸》はアメリカのバンガロー住宅と似通っています。バンガローには建物前
面に半屋外のポーチがありました。その庇を支える横材を桁と言い、それをさらに柱が
支えていました。その柱間の桁下は奇妙な形にくり抜かれています。このような装飾を
一般に「くりがた」と言いますが、《クラーク邸》のくりがたは白く均一に塗られています。
この「白いくりがた」はどのようにしてつくられたのでしょうか。

　アメリカのバンガローには桁を広く支えるために柱にブラケットという持送り材が取り
つけられています[**fig.10**]。一方、日本建築には懸魚という飾り物がありました。庇下の
重要な部分に採用される装飾です[**fig.11**]。白いくりがたはこのブラケットと懸魚が融合
したものなのです。ここで巧妙なのは、クラークと大工たちはそのくりがたから細かい装
飾を取り去り、白く均一に塗り回したことでした。そうすることによって和洋の境目を紛
らしたのです。

　この白いくりがたは文明開化を表現するのに大変都合がよかったらしく、静岡県下で

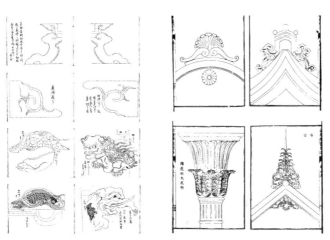

fig.9　左：『大工雛形』（1848）　右：『新絵様欄間集』（1902）

盛んに使われるようになります。《静岡県会議事堂》(1872)[**fig.12**]正面、《静岡病院》(1872)[**fig.13**]にも同様の白いくりがたを確認することができます。

　イギリスの様式建築研究の第一人者であったジョン・サマーソン (John Newenham Summerson, 1904-1992) は、様式建築の本質について興味深い記述を残しています。

　われわれは何が古典主義なのかと考える時に、その本質についても一緒に考えなければならないが、同時に古典主義建築はどれほどわずかでも、どれほど退化した形であっても、古代の「オーダー」を思いおこさせる何かをもっているときにだけ、古典主義と認められるのだという事実を理解しなければならない。

──ジョン・サマーソン『古典主義建築の系譜』[★B]

　ここには、様式建築の模倣が様式たりうるには、たとえ稚拙であってもその本質をつかむことが大事だと書かれているわけです。つまり、様式理解はその本質をつかんだ「似顔絵」めいた落書きで事足りるということです。これが「みようみまね」の第2の法則です。

fig.10　ブラケットの例
アンドリュー・ジャクソン・ダウニングによるコテージのデザイン

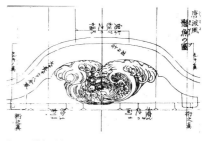
fig.11　懸魚の例　出典:『当世初心雛形』(1883再版)

fig.12　《静岡県会議事堂》(1872)

fig.13　《静岡病院》(1872)
fig.12,13 所蔵:早稲田大学建築史研究室

様式理解は寸分も違わない再現によって初めて可能になるのではないのです。折衷主義はこの様式的自由さのもとに生まれ、擬洋風建築は国内におけるその同時代的展開でした。

》擬洋風建築について

　明治10年代まで日本全国津々浦々で建設された擬洋風建築は、地域の共同体を施主とし、近世以来の大工棟梁、いわゆる在来技術者の手によって建てられたものでした。学校が特に多く、当時の最新の公共建築に、文明開化らしい最新のモチーフを採用しようとしたのです。しかしそれらは、オリジナルの西洋建築に比べると、構造や仕上げの面で異なっていました。大工たちは、従来の構造を用いていたり、伝統技術である漆喰塗りを用いた大壁（柱梁を露出させない壁）仕上げで西洋建築をまねるなど、江戸時代以来の彼らの技術を応用しました。また、建物正面にバルコニーや塔屋を付加したものが多く存在するのですが、これは先の居留地を経由して国内に伝播したコテージやバンガロー形式といった植民地建築の影響です。

　擬洋風建築の先陣を切った《築地ホテル館》[**fig.14**]は、外国人専用ホテルであったため、西洋的でかつ日本的エキゾチシズムの演出もしなければなりません。その結果、①海鼠壁の採用、②中央の塔屋、③ベランダの設置などの様式的特徴が生まれました。《築地ホテル館》のそれらの特徴は、当時の全国の大工棟梁たちに文明開化の表現のお手本として君臨しました。地方の棟梁たちは施主の意向を受け、東京にあった《築地ホテル館》などの擬洋風建築やお雇い外国人がつくった洋式建築を見学し、その詳細を学びました。

fig.14　広重《東京築地ホテル館表掛之図》　所蔵：早稲田大学図書館

fig.15 《松本開智学校》(1876) fig.15,17上 著者撮影

fig.17 《松本開智学校》額札(上)と、『東京日日新聞』(下)

fig.16 立石清重によるスケッチ

fig.18 《新潟運上所(旧新潟税関庁舎)》(1869)
新潟市 地域・魅力創造部広報課(CC BY 2.1 JP)

　擬洋風建築の名作のひとつである《松本開智学校》(1876) [**fig.15**] を担当した立石清重 (1829-1894) は、建築見学の際のスケッチを残しており [**fig.16**]、それをもとに設計が行われていたことがわかっています。また、入口上部に掲げられた「開智学校」の額札は、エンジェルが飛んでいる非常にかわいらしいデザインとなっていますが、これは『東京日日新聞』の題字が参考とされていたようです [**fig.17**]。当時の様式的な自由さを物語る事例ですね。

　さて、すべての大工たちが建築見学に出掛けることができたわけではありません。金銭的な理由などで直接建物を見学することができなかった者たちは、錦絵に描かれた《築地ホテル館》や「銀座の煉瓦街」の街並みを見て、自らつくる擬洋風建築の手本にしました。錦絵とは浮世絵の一種ですが、当時の世相風俗を映し出し、地方に都市文化を流通させる重要な役目を担っていたのです。ところが錦絵から学んだがゆえに誤解が生じ、その誤解が建物に反映されてしまったような面白い例も生まれました。

　順を追って見てみましょう。当時の税関であった《新潟運上所(旧新潟税関庁舎)》

（1869）[**fig.18**] では《築地ホテル館》が模倣されました。「中央の塔屋」と「海鼠壁」という《築地ホテル館》の3つの特徴のうち2つが採用されています。しかし、担当した大工は《築地ホテル館》の前庭を取り囲んでいた塀と、そこに開いていたアーチの出入口との距離を見誤ってしまったようです。そのため、本来離れているはずの建物本体と塀の位置にあったアーチの出入口がピタッと重なって、一体に設計されてしまいました。このように、擬洋風建築では伝言ゲームのように誤解が生じ、さらに新しい造形が生み出されたりもしました。

　ではここで、擬洋風建築の主要な様式的特徴について、それが何に由来するものなのかを見ていきましょう。

①海鼠壁はどこから来たか

　海鼠壁は、平たい瓦版をひし形に並べて、その間に漆喰をこってりと半円形に塗り上げてつくるものです。これは防火対策が必要な土蔵の高級仕様としてよく用いられていました。清水喜助はこれを石造の壁に見立てて採用したのでしょう。半円形に盛られた漆喰の形が海鼠に似ているのでこの名前がつけられているのですが、その造形的な面白さも計算にあったはずです。海鼠壁はすべての擬洋風で採用されているわけではありませんが、在来の技術、例えば漆喰を使って石造りを演出する方法はよく用いられました。とはいえ、海鼠壁はあくまでも細部仕様ですから、重要なのはもう少し構成的な特徴です。

②塔はどこから来たか

　擬洋風につきものの中央の塔屋はどこからやってきたのでしょうか。国内でも五重塔などはすでにありましたから、塔をつくること自体は西洋的ではありません。しかし、ある特定の形が、「西洋的＝文明的」だとみなされるようになりました。それは江戸時代につくられた燈台の形です。擬洋風の塔が江戸時代の燈台をモチーフとしているのは、それが海に面していたからです。つまり、国内と国外とのエッジに建つ塔だったからです。それゆえに世界的であり、異国との遭遇を象徴するものとして、清水喜助は《築地ホテル館》で燈台の造形を採用したのでしょう。その後、彼は《為替バンク三井組（第一国立銀行）》(1872) [**fig.19**] を建てましたが、ここでは屋根の上に重なるようにして、城郭、寺社仏閣までをもモチーフに採用しています。この建物もまた、文明開化の象徴として世間に大変喜ばれました。

③ベランダはどこから来たか

　続いて、擬洋風の特徴である建物前面のベランダはどこから来たかを検討してみま

fig.19 《為替バンク三井組（第一国立銀行）》（1872）

fig.20 出島を描いた絵図。2階にベランダのついた西洋館が描かれている
広渡湖秀《長崎出島日蘭貿易図》
（1770-1780頃、部分）

しょう。結論から言うと、出島に答えがあります。当時の出島の様子を描いた絵に、2階にベランダがついている西洋館が描かれています [fig.20]。そのベランダには、西洋人が土足で芸者をはべらせ、東洋人召使にお酒を持って来させている様子が描かれています。ベランダは西欧諸国がインドやアメリカなどに進出した際に、その地の気候に合わせて付加した半屋外の施設だと言われています。そしてそれは、早くは長崎の出島で実現し、そして横浜などの幕末の居留地における洋式住宅の象徴として日本人の目に映り、羨ましがられていたというわけです。

④多角形の塔はどこから来たか

　《築地ホテル館》では採用されませんでしたが、そのほかの擬洋風建築の多くに、塔屋など限られた部分を多角形に処理することが流行しました。この凝った技法はどこから来たのでしょうか。山形に現存する《済生館》（1878）がよい例です。この建物の設計に関しては明らかになっていないところも多く、当時横浜にあったイギリス海軍病院を参考にしたと指摘されているくらいです。塔屋の部分は層ごとに異なった多角形平面で構成された独特なもので、また、建物全体も多角形平面です。14角形の中庭に面して円状に病室が配置され、換気上の利便性が考えられているようです。多角形平面へのこだわりは、西洋建築よりむしろ強かったのではないかと思えるほどです。

　続いて私が最も好きな擬洋風建築を紹介します。長野県にある《中込学校》（1875）[fig.21] です。この建築を手がけた市川代治郎（1825-1896）はアメリカでさまざまな技術を身につけた大工です。故郷に帰った際に村人に乞われてこの建物を担当しました。市川がアメリカの小学校などを見ていたためか、《中込学校》からは直輸入めいた清楚

fig.21 《中込学校》(1875)

fig.22 同、塔屋内部

fig.23 同、太鼓がつり下げられた天井には、地名が墨書きされている
fig.21-23 著者撮影

　な印象を受けます。建物中央に塔屋、前面にベランダ、細部を見れば日本的モチーフ
の折衷的使用など、まさに擬洋風建築のお手本です。そしてやはりこの塔屋も八角形の
平面をもっていました。もちろんアメリカの小学校にも塔がついている場合もあるのです
が、それが多角形であることは稀です。

　ではあらためて、多角形はどこから来たのでしょうか。答えは日本国内です。実は多
角形へのこだわりは、先にも紹介した和算をもとにした大工の幾何学技術である規矩術（きくじゅつ）
でよく追求されたテーマであり、そこから由来したものだったのです。多角形になると材
の形は異なる角度をもった複雑な部材の組み合わせになります。これらの組み合わせ
を検討することが当時流行していました。つまり、多角形は江戸時代の大工の抽象表現
の追求からの流れだったのです。《中込学校》の塔屋内部に入って驚きました。八角形

木造の螺旋階段が平面に合わせてぴったりと組まれており、技術を知る者が見ればその難しさとそれを克服したことに圧倒されるでしょう。市川は、この八角形の塔屋内部を《中込学校》の見せ場にしたかったのでしょう[**fig.22**]。

　階段を上りきると太鼓が天井からつり下げられ宙に浮いていました。合図をするための鐘の役割を果たしていたと考えられます。太鼓をつり下げた天井をふと見上げると、さまざまな諸外国の国名や山や湾の名前が、それぞれ対応すると思われる方角に墨書きされています[**fig.23**]。もちろんそれらは、信州から決して見えるわけではありません。しかし、そのようなまだ見ぬ世界が必ず存在していることを確信したかのように書かれたその地名を見て、地元の人々が、子どもたちの教育にかけた情熱を感じて、胸が熱くなったのを覚えています。

　やがて建築の担い手は、大工から高等教育を受けた若い日本人建築家たちに移行していきました。大工、そして擬洋風建築は近代日本建築の表舞台から姿を消していくことになりました。

参考文献・資料

★ A　E・W・クラーク『日本滞在記』(飯田宏訳、講談社、1967［原著 *Life and Adventure in Japan*, 1878］)

★ B　ジョン・サマーソン『古典主義建築の系譜』(鈴木博之訳、中央公論美術出版、1989［原著 *The Classical Language of Architecture*, 1965］)

★ C　中谷礼仁ほか『近世建築論集』(編集出版組織体アセテート、2004)

★ D　小林源蔵、平内廷臣『隅矩雛形．矩術新書』(恒和出版、1978)

第 10 回

空 白 の メ ダ イ ヨ ン
明 治 建 築 の 成 熟 と 崩 壊

　今回の講義の副題は、「明治建築の成熟と崩壊」です。本格的な建築教育を受けた
日本人建築家たちのお話です。明治中期から昭和初期頃にかけて、彼らによる西洋様
式建築が建ちはじめます。日本における様式建築の流れが、どのように成熟・崩壊して
いったのかを、ルネサンスでお話しした、問題の「発見」と「疲弊」に似た現象として見
ていきます。話のバックボーンとして、私の修士論文『国学・明治・建築家』が Web 上
に公開してありますので、興味がわいた方は、是非ご覧になってください★A。

≫日本人建築家の誕生

　前回の講義の冒頭では、日本近代建築を考えるうえで、「近代」と「日本」とがなかな
か融合しないことを、コインの表と裏にたとえてお話ししました。近代日本の建築表現に
求められたのは両者を統合することです。これから詳しく話していきますが、この問題を
どのように解決していくかが、近代日本の建築表現に関する最も重要なテーマでした。
　さて、前回の講義で活躍したのは大工棟梁たちでしたが、今回は日本人建築家の誕
生と活躍について話していきます。大工棟梁と建築家の違いを教育履歴的に言えば、
前者が昔からの徒弟制の出身者であり、後者が明治以来の高等教育機関で建築学を
修めた者ということになります。近代化を進める明治政府において、政府の庁舎や、公
共建築などを設計する者として建築家が要請されたわけです。現在の大学で建築教育
を受けている皆さんは、彼ら日本人建築家の後輩にあたります。
　日本の近代化政策を推し進めるため、明治政府は 1877（明治 10）年に工部大学校
を設置しました。そこに、ロンドン大学を出てすぐ一流建築家の登竜門であるジョン・
ソーン賞を受賞した若手イギリス人建築家ジョサイア・コンドルが来日して指導を開始
しました。そしてその 2 年後、1879（明治 12）年には 4 名の卒業生を出しました。彼らの
ほとんどは、その後有数の建築家として大成しています。

工部大学校は、東京帝国大学の前身です。ここは日本で初めて、「Architecture」の概念までを含めた、本格的な西洋式の高等建築教育を実施した機関です。私学として最初の高等建築教育機関は早稲田大学ですが、本格的な活動が1910年からなので、年代的には30年もの開きがあります。近代日本の建築の確立期において、工部大学校の果たした役割がいかに大きいものであったかがわかると思います。新しい時代の到来に燃えていた学生たちですから、逆にプレッシャーも相当あったのではないでしょうか。

　ではここから手始めに、コンドルをはじめとして、初期の日本人建築家から何人か有名な人物を紹介しておきましょう。

▶ ジョサイア・コンドル

　コンドル（Josiah Conder, 1852-1920）の日本での代表的な作品の筆頭は、まだ払い下げられたばかりの野原の丸の内に忽然と姿を現した本格的煉瓦造、ロンドン風オフィスの《三菱一号館》（1894）[fig.1] でしょう。この建物は1968年に同地区の再開発計画のために取り壊されましたが、2009年に当初の部材を部分的に用いたレプリカがつくられました。

　《ニコライ堂》（1891）も有名です。オリジナルは関東大震災でドームや鐘楼が大破しましたが、岡田信一郎（1883-1932）によって再建されています。残念ながらこの2つの建物は純粋なコンドルの作品とは言えませんが、財閥系の邸宅や迎賓館はまだ多く残されており、竣工時の面影を保ったコンドル作品を見ることができます。

　そのうちのひとつが、東京の湯島にある三菱財閥の第三代岩崎久弥のための居宅《岩崎久弥邸》（1896）[fig.2] です。現在は重要文化財に指定されています。ビリヤードのための特別の建築もあったりと、当時の財閥の暮らしぶりがわかります。コンドルは

fig.1　ジョサイア・コンドル《三菱一号館》（1894）

fig.2　ジョサイア・コンドル《岩崎久弥邸》（1896）
Wiiii (CC BY-SA 3.0)

ロンドンにいた若い頃から日本美術に興味をもっていて、日本に住み着くようになると、日本画の河鍋暁斎（1831-1889）に弟子入りし、花柳流の踊り手を妻に迎えました。

▶ 辰野金吾

　コンドルに育てられた東京帝国大学の第一期生に、辰野金吾（1854-1919）がいます。彼は初期日本人建築家の最大の実力者でありました。責任感が強く、コンドルが独立した後は帝国大学の教授となり後進を指導しました。

　彼が比較的若い頃に設計したのが《日本銀行本館》（1896）[**fig.3**] です。複数の階をまとめてひとつのオーダーで表現するジャイアント・オーダーを用いた風格ある建築です。1階をがっしりとした城砦のような壁で守っているという折衷主義の建物ですが、クラシカルな端正さをもち併せています。

　革新的なことも多くやっています。東京帝国大学の学長を辞した50歳頃、独立して日本初の民間設計事務所をつくりました。《東京駅》（1914）をはじめとした彼の代表作は、近代日本建築の代表作でもあります。

　企業の社屋も広く手がけました。例えば日本橋のたもとにあった《旧帝国製麻株式会社》（1915）[**fig.4**] は、ペンシルビルの先駆けのような作品でした。彼がよく用いたのが、〈クイーン・アン様式〉でした。これは煉瓦と石造を帯状に展開した建物です。煉瓦

fig.3　辰野金吾《日本銀行本館》（1896）　写真提供：日本銀行

fig.4　辰野金吾《旧帝国製麻株式会社》（1915）

だけだと倉庫のように地味になってしまうところを石を規則的に挿入することで、比較的安価に華やかさを添えることができるのがメリットでした。

▶ 妻木頼黄

次は辰野金吾のライバル、妻木頼黄（よりなか）（1859-1916）です。辰野が独立して民間に入っていったのに対し、妻木は《国会議事堂》設計を目的として設立された内閣臨時建築局や大蔵省営繕の官僚建築家として活躍しました。省庁建築建設に多く携わり、建築家としての立場を確固たるものとしました。現在の《日本橋》（1911）の装飾は彼が担当しています。橋の欄干や中央の照明つきの柱を見ると、麒麟など和洋混合のさまざまなモチーフが使われています。《横浜正金銀行本店》（現・神奈川県立歴史博物館、1904）も彼の代表作です。ネオ・ルネサンス様式の建築です。

▶ 片山東熊

片山東熊（とうくま）（1854-1917）はいわば宮廷建築家で、とりわけ洗練された作品を残しました。彼は美術館や博物館など美術に関するものや華族の住宅を担当しました。初期の代表作が《旧帝国奈良博物館》（1894）です。この頃はまだ構成力が弱く、様式を構成する部分がうまくつながっていないように感じられます。それが後期になると、東京国立博物館の中にある《表慶館》（1908）[**fig.5**] のように、様式が全体にきれいに溶け込んでいます。彼の後期の最大の作品が《東宮御所》（現・迎賓館赤坂離宮、1909）[**fig.6**]です。《ヴェルサイユ宮殿》を模していると言われ、非常に華やかな建築です。いまは海

fig.5　片山東熊《表慶館》（1908）
Wiiii (CC BY-SA 3.0)

fig.6　片山東熊《東宮御所》（1909）　写真提供：内閣府迎賓館

外からの来賓を迎えていますが、完成した当初は大正天皇の住まいとして計画されました。ところが大正天皇は、こんな大きな使い勝手の悪い建物に住みたくないと言い、一説では片山は心労で病に伏せたそうです。

　全体として、明治期の日本人建築家が設計した建築には大きな特徴がありました。それはコンドルに学んだことが影響しています。19世紀末から20世紀初頭にかけての西洋では、折衷主義が飽きられてモダニズムに展開していく別の建築表現の萌芽が生まれてきた時代でした。しかし、コンドルが折衷主義建築家であったために、明治期の日本人建築家は、昔ながらの折衷主義の様式をこなすように養成されたのです。そのうえ日本政府が西洋に追いつくための欧化政策をとる潮流にあり、折衷主義建築は政府の西洋のイメージに最も近いものであったわけです。その建築的実現化が日本人建築家の使命だったのです。

》空白のメダイヨン

　さて、ここからは、建築に付属する一部位である「メダイヨン」に注目し、明治以降の日本人建築家たちによる様式建築の特質について、私独自の見方を説明します。そしてその見方を用いて、本日の講義の主役である《国会議事堂》(1936)の特殊さを述べてみたいと思います。

　まず、メダイヨンとは何かを説明しましょう。メダイヨンはメダリオンとも呼ばれ、円形や方形の枠で縁取られた装飾のことです。壁面などに多用されています。例えば、ジュリオ・ロマーノの《パラッツォ・デル・テ》で外壁に四角の枠があったことを思い出してください[**第2回 fig.2右中**]。あれもメダイヨンの一種です。

　ようは、建築装飾となった額、フレームですね。円形や方形のフレームの中に、その家の来歴を物語るモチーフなどを彫刻や絵画として嵌め込んだものです。ルネサンス期のイタリアでは、その建築に所縁のある人物の胸像や家の紋章などを浮き彫りで表す形式が流行しました。以前紹介した《サン・カルロ・アッレ・クァトロ・フォンターネ教会》では、楕円ドームを支えるペンデンティヴにメダイヨンを内接させて、荷重も担当した建築的部位のように巧みに見せていますが[**第2回 fig.8,9**]、装飾であることに変わりはありません。

　このメダイヨンが、なぜ近代日本における様式建築評価の指標となりうるのでしょうか? メダイヨンは装飾ですから、なくても建物は成立します。そしてそのフレームの中に

描かれる意味内容がメダイヨンには重要なのですが、その意味内容は建築と必然的に関係しているとは言い難いのです。つまり、メダイヨンは最も建築的でない装飾部分と言えます。建築家が製図できるのはそのフレームだけであって、そこに何を描くかというのは、彼らの仕事の範疇ではありません。それは彫刻家や画家たちの仕事になります。

　西洋であれば、施主の家の紋章などいくらでもあるモチーフを嵌め込めばよいのですが、当然ながら、日本にはメダイヨンに描くだけの文化的文脈はありません。日本人建築家は、メダイヨンの枠を建築の部位としては学習できたけれども、そこに描くモチーフを教科書から学習することはできなかったのです。メダイヨンに描かれるべきモチーフは、近代日本の歴史が自律的に獲得していくほかなかったのです。

　例として、辰野金吾の《日本銀行本館》の細部を見てみましょう。中庭に面した建物につけられたメダイヨンは、何も描かれずつるっとしていますね [**fig.7**]。日本に実現した様式建築は、西洋の本物に比べてどこかフラットで味気ないと言われてきました。彫りが深く、辰野独自の折衷技法を発揮した《日本銀行本館》でさえ、フラットに見えるのはなぜか？ そのことをずっと考えていたのですが、あるときメダイヨンの中身が空白であ

fig.7　辰野金吾《日本銀行本館》のメダイヨン
写真提供：日本銀行

fig.8 片山東熊《旧帝国奈良博物館》(1894)
メダイヨンはいずれも空白 KishujiRapid (CC BY-SA 4.0)

fig.9 片山東熊《旧帝国京都博物館》(1895)
ペディメントには天女をモチーフとした彫像が刻まれているが、
その下部壁面のメダイヨンは空白のまま

fig.10 片山東熊《表慶館》
メダイヨンには分度器や金尺などのモチーフが施されている
著者撮影

fig.11 片山東熊《東宮御所》
メダイヨンには馬車に乗る天女が描かれている
写真提供：内閣府迎賓館

るってこそが、その平板さを醸し出しているのではないかと気づきました。

　その気づきをさらにはっきりとさせるために、片山東熊の作品を見てみましょう。まずは《旧帝国奈良博物館》[fig.8] です。やはりメダイヨンには何も描かれていませんね。その空白はもはや異様と言っても過言ではありません。片山も少し気にしていたのか、翌年竣工した《旧帝国京都博物館》(1895) では、中央入口上の切妻のペディメントに、ギリシアの神と東洋の天女をモチーフとした彫像を実現化させています [fig.9]。つまり、西洋と東洋の神々に守られた知識の宝庫としての博物館というイメージの表現までは考えたようです。しかし、壁面の四角いメダイヨンの中はいまだに空白が連続し、フラットな印象は拭えません。

　それでは、彼がより習熟したと思われる後期の作品を見てみましょう。先ほど紹介した《表慶館》[fig.10] では、ようやくメダイヨンに彫刻が施されるようになっています。建築家らしく、分度器や金尺、工具や楽器などの文化や産業の発展を記すようなモチーフが、ファサードのメダイヨンに彫刻されたのです。少し近代日本の足跡がイメージとして定

着しはじめているようです。しかし、それは正面のメダイヨンだけで、横から裏にかけては空白です。やはりメダイヨンの中身を考えるのは大変だったのでしょうか。

　これを一新したのが、《東宮御所》です。空白がほとんどなくなり、建築の随所にさまざまなモチーフが付加されています。その結果、豪華絢爛な近代日本の空間をつくり出しています。明治の訪れを表現したローマの馬車に乗る日本の天女、ライオンに兜など、興味深い折衷モチーフが展開しています [**fig.11**]。これらは黒田清輝 (1866-1924)、浅井忠 (1856-1907)、今泉雄作 (1850-1931) など、当時の最高の美術家による考案でした。これによって、ようやく近代日本の表象が完成したと言えます。

　時代がくだり、岡田信一郎原案の《中之島公会堂》(現・大阪市中央公会堂、1918) の3階にある中集会室内のメダイヨンには、部分的には茄子などの日本野菜の絵が描かれていて、岡田の遊び心なのか、メダイヨンのさらなる展開を見るような興味深い事例もあります。

》《国会議事堂》

　さて、これから《国会議事堂》(1936) [**fig.12**] の建設過程にトピックを移します。冒頭に日本的なものと近代的なものとをどう組み合わせ、自然なものとして表現できるかが近代日本の建築表現の最大の問題であり目標であると話しました。つまり、それは近代において「日本的なもの」はどう表せばよいのかという広い美術的問題につながります。

　日本の伝統を描けばよいのでしょうか? それだけでは近代化の側面は脱落してしまいます。工業化など、近代化の様子を描けばよいのでしょうか? それでは日本固有のイメージは生まれません。この難問について、皆さんは解答を与えられますか? おそらく、

fig.12 《国会議事堂》(1936)
著者撮影

fig.13 仮議事堂（第1次、1890）

fig.14 仮議事堂（第2次、1891）

現在でも完璧な解答を得るのは難しいと思います。「日本」と「近代」、どうしても両者はギクシャクしてしまいがちです。近代日本のイメージの構築は、いまだに難しいテーマなのです。

　その困難さが見事に表れた作業として、紆余曲折の末、最終的に大蔵省営繕管財局によって設計された《国会議事堂》建設までの経緯を見ていこうと思います。近代日本の建築史では、この建築についてあまり多く語られることはありません。しかし、実は奥深い問題点を体現した建築なのです。

　《国会議事堂》は悲劇の建物と言われています。1881年に国会開設の詔が発布され、1890年に国会を開催することが宣言されました。当然国会を開催するには建物が必要ですが、《国会議事堂》がつくられたのは1936年です。それまでずっと財政難を理由に仮議事堂で済ませていました。つまり、約半世紀もの間、この建物は実現されませんでした。

　順を追って見ていきましょう。1890年に竣工した木造の仮議事堂 [**fig.13**] は、翌1891年に出火、全焼しました。次の仮議事堂 [**fig.14**] は同1891年に竣工しますが、1894年、日清戦争のために議事堂機能が広島に移転します。この設計を務めたのが妻木頼黄でした。戦争終結後、国会はもとの東京の仮議事堂に戻りました。日露戦争後の1906年には議事堂の建設が決定しましたが、その行く先は不透明でした。そして、議事堂建築の建設をめぐって建築界で論争が起こりはじめました。

　まず、誰が設計するのか？ 辰野金吾は議事堂の設計を公募で実施し、独立した建築家を参加させることを主張しました。建築学会もそれに同調しました。妻木は独自に臨時建築部で設計を始めましたが、論戦の挙句、結局は1918年に設計競技が開かれることになりました。しかし、当時の設計競技とは絵に描いた餅で、当選案は尊重するけれど、それはあくまで図案としての採用とされ、実際は官僚的建築設計組織である大蔵省臨時議院建築局がデザインを大幅に変更して設計してしまいました。1920年に現議事堂の建設が開始され、関東大震災の影響による遅れなどもあり、1936年にようやく完

成したというのが現《国会議事堂》完成に至る顛末です。

　次に、国会議事堂のデザインはどうあるべきなのか。先ほど、辰野陣営と妻木陣営の間に確執があったと述べましたが、「民間」対「国家」、あるいは「学会」対「行政」、あるいは「普遍的」か「日本的」か、といったさまざまなレベルでの対立が、国会議事堂建設をめぐって存在していました。また、国家が国家をデザインして表現した途端に、国家の具体的なイメージは固まってしまいます。これを難しい言葉を使うのなら「国家はデザインとして疎外される」ということになります。そのデザインがかっこ悪かったら目も当てられない大失敗になってしまうのです。

　私は約半世紀も続いた議事堂建設の遅延は、日本国家がその内実を満たし、自らの様式を獲得するための猶予期間だったのではないかと考えています。一連の仮議事堂の簡素な姿を見ると、仮建築だから装飾はいらないと、国会議事堂といういわば日本の最も重要な顔をつくることを意図して避けていたように感じられます。

　「日本であり近代でもある」という表現はいまだに解決されていない難問だと先に述べました。このように表現されるべき内容が当初から矛盾をはらんでいた場合、それに対するイメージはひとつにはなかなか決まらず、あえて決めてしまうと、そのテーマの総体は常に表現しきれていないという残余感が残ります。具体的に歴代の国会議事堂の計画案を見ることで検討してみましょう。

　当時、日本にはイギリス建築の系譜とドイツ建築の系譜が流入していましたが、国会議事堂の試案には官庁集中計画に深く関わっていた、ドイツ人のエンデ（Hermann Gustav Louis Ende, 1829-1907）とベックマン（Wilhelm Böckmann, 1832-1902）に白羽の矢が立ちました。しかしその最終提案は、外国人建築家が前回の《築地ホテル館》を参考にして捻り出したかのような、和風、中華風、西洋風が折衷した奇妙なものでした [**fig.15**]。本格的な西洋建築を求めていた政府からすれば、当然却下される運命にありましたが、本格的様式建築をこなすドイツ人建築家が苦労して仕上げたこのなんとも怪しい国会議事堂が、まさにその当時の急場しのぎの近代日本の姿であったような気がしてなりません。

　大正に入って妻木が提案した設計案はネオ・ルネサンス様式でした [**fig.16**]。日本的なデザイン要素はなく、西洋様式建築を学んだ成果を存分に出した案になっています。しかし、その独断的設計自体が否定されて、この案も没。その後の公開設計競技における第一等案は、宮内技手渡邊福三（1870-1920）による、ルネサンス様式の中央塔がやや縦に伸びたような、不思議な様式をしていました [**fig.17**]。実現されていたら結構面

fig.15　エンデとベックマンによる国会議事堂の提案

fig.16　妻木頼黄による国会議事堂の提案

fig.17　公募設計による一等案

白い建築になっていたと思います。以前のいかにもルネサンス然としたプロポーション
ではないところに、当時のヨーロッパの新しい建築潮流、例えば〈ゼツェッション（分離
派）〉などからの影響を読み取ることができます。

　しかし、この当選案にも大反対する人が現れます。下田菊太郎（1866-1931）という当
時アメリカ在住であった建築家による抗議です。彼はそもそも日本の建築なのだから日
本の屋根を用いるべきであると主張し、城郭風のデザインの議事堂案をコンペ後にもか
かわらず出版によって提案したのでした。これでは明治のエンデ＆ベックマンの和中洋
の折衷案よりさらにデザインの構想力が後退してしまったようなものです。

≫デザインに疎外されない国家デザインとは

　国家をデザインに疎外されないようにするためにはどうすればよいのでしょうか。議事

fig.18　ナチスの党大会が開かれた野外集会場
《ニュルンベルクの演説台》（1934）

堂建設の遅延はまさにこの課題を当時の建築家や建築史家たちが真剣に考えていたからにほかなりません。少し話が飛びますが、この難問に最も成功したのはドイツ・ナチスの建築デザインだったと私は考えています。ヒトラーは建築好きで有名でした。彼は寵愛する建築家アルベルト・シュペーアにこんなことを言っています。

我々が過去を持たないということを、なぜ世界中に教える必要があるんだ。我々の祖先がまだ粘土の小屋に巣食っていたころ、すでにローマ人が大建築を建てていたという事実だけで足りなくて、ヒムラー（ナチ党親衛隊指導者）はこの粘土集落を掘り出しはじめ、土器のかけらか石斧を一つ見つけるたびに感激している。……どう考えても、我々はこういう過去を黙っているほうがいいのだ。

──── アルベルト・シュペーア『第三帝国の神殿にて』（カッコ内著者加筆）★B

　これはヒトラー自身が、自らの第三帝国の正当性の不在を意識していた証拠です。ドイツ・ナチス建築では、この正当性の不在を発端として、逆に正当性を創り上げようとしました。その手法はいわば「様式なきローマ」です。古典建築から装飾的部分を省略・抽象化し、構成の骨格を残します。そしてこれまでになかった巨大なボリュームを採用します。「シンボルの単純化と強調」「フラット化」「巨大化」がその特徴です。シュペーアにおけるナチス初期の仕事である《ニュルンベルクの演説台》(1934) [fig.18] は、モチーフとなったギリシア・ローマ建築（《ペルガモンの大祭壇》前2世紀頃）をベースに、装飾は必要最低限に省き、大階段と列柱の構成を徹底的に拡張し、スケールを巨大化させました。これがヒトラーの選択でした。

　また、ヒトラーは上級ナチス党員たちの行進のだらしなさを苦々しく思っていて、ニュルンベルクで開かれるナチスの党大会では彼らを真っ暗闇の中で行進させようとシュペーアにうそぶいたそうです。しかし、その言葉はシュペーアにとって啓示でした。彼は高射砲隊が所有していたサーチライトの光跡が数千メートル上空にまで達しうることを知って、日本の《国会議事堂》竣工と同年の1936年のナチス党大会の際、対空サーチライト130基の借用をヒトラーに依頼、それらを12m間隔に配置して、党大会の行われる広場を囲んだのでした [fig.19]。

　このプロジェクトが自身にとって最高傑作であったとは、シュペーア自身が述べるところです。この建築には具体化された装飾もシンボルもありません。ただただ巨大な柱廊のようなサーチライトの光束が闇夜に立ち上がりました。その崇高性は朝の到来とともに消滅します。しかし、熱狂は残ります。これがデザインに疎外されない国家表現の極

fig.19 光の大聖堂

致になりました。

　さて、日本に話を戻します。1936年、《国会議事堂》は現在の姿になりました。《国会議事堂》へのドイツ・ナチス建築の影響は明らかではありません。ただ、国家を表象する装飾表現には類似した手法があるように思います。それは何でしょうか? ここで、メタボリズムの主導者であった川添登 (1926-2015) の《国会議事堂》に対する後年の批評を紹介しましょう。

彼等にとって、そのシンボルは、あくまでも塀でかこまれた、国民と縁の切れた姿をした議事堂でなければならなかった。そこで警棒はうなりを生じて、若き議会主義者たちの頭上に振り下されたのである。……国会議事堂は、大日本帝国憲法のシンボルであり、民主主義の墓場であった。

——川添登『建築の滅亡』★ᶜ

　これは川添が第一次安保闘争中の《国会議事堂》前のデモ行動に参加したときに記した言葉です。ここで注目したいのは、川添が《国会議事堂》を墓場と表現しているところです。これは象徴的な文学表現を超えて、ひとつの事実を映し出しています。実は《国会議事堂》の特徴ある上層部、いわゆる階段ピラミッドであるジグラットのモチーフの起源は「墓」だったのです。これは建築史家の鈴木博之 (1945-2014) が主張したことなのですが、議事堂のジグラットは、現トルコ共和国内の地中海側に位置していた小国カリアにおいて紀元前4世紀に建設されたマウソロス霊廟の形式を様式として採用

したものなのだそうです。

　ここに大きな意味があります。なぜなら、カリア国が属していたアケメネス朝ペルシア
はギリシア文明を摂取しつつもそれに対抗する「東」の文明だったわけです。近代日本
はヨーロッパに追いつきヨーロッパを克服するためのものを探し続けた結果、ヨーロッ
パの中心を迂回する古代文明にたどり着いたのです。ヨーロッパの歴史よりもっと古い
ものに近代日本の流れを接続しようとしたのではないでしょうか。そしてそのとき、明治
の終わりから大正にかけて充実していったメダイヨンは、再び空白に塗りつぶされました。
ここではメダイヨン的な装飾的国家表現が拒否され、近代日本が原始的文明とか、古
代の墓に結びつく回路のなかで成立したのでした。

≫日本近代建築の極北

　このストーリーがあまりにも奇想天外なので疑っている人も多いと思います。では最
後に、この方向での最も遠くまで到達してしまった日本人建築家と彼の設計した建物を
紹介します。長野宇平治（1867-1937）による《大倉精神文化研究所》（現・横浜市大倉
山記念館、1932）[**fig.20**] です。東急東横線大倉山駅前の商店街は白く塗られています
が、その発祥になった街のシンボルです。この建物の様式では、長野が長年研究したと
いう〈プレ・ヘレニズム〉を採用したと彼自身が言っています。

fig.20　長野宇平治《大倉精神文化研究所》（1932）
Wiiii（CC BY-SA 3.0）

ヘレニズムとは前4世紀のアレクサンドロス大王の東方遠征によって、ギリシア文化とオリエント文化が融合して形成された文化のことを指します。シュペーアが《ニュルンベルクの演説台》で採用した建築もヘレニズム期の作品でした。長野はヘレニズムにオリエント的な、つまりは日本につながる流れを見出し、その西洋と東洋との混淆的文化のより以前（プレ）に遡ろうとしたのです。これは彼の想像の産物でした。建築史家の藤森照信氏（1946-）も述べているように、この異様な造形をした古典建築には、その細部において東方のモチーフや日本の神社や古代紋様までもが溶かし込められています。これは明治において生まれた折衷主義を旨とする日本人建築家の最後の姿と言ってもよいのではないでしょうか。それはまさしく様式操作のデッドエンド（行き止まり）でした。

≫建築家の覚悟

　このようにして、明治期の日本人建築家による様式建築の歴史は昭和初期で終焉を迎えました。しかしながら政治的には、明治天皇の崩御、明治時代の終わりとともに、日本に遅れてやってきた様式建築の正当性は突き崩されてしまいます。様式建築を葬った「立役者」として、構造技術者であった佐野利器（1880-1956）による「建築家の覚悟」（1911）という論文を紹介しておきましょう。ここに、様式建築以降のエンジニアリングを優先させようという近代日本の典型的な建築観が提出されました。この論文は彼がプロイセン留学中に、プロイセンの軍事的装備の充実に驚き、危機感をもって学会に宛てた檄文とでも言うべきものです。

列強の平和は武装で維持せられ、列強の軍備は絶えず拡張せられつつあると云ふ事を聞くと竦然たらざるを得ない、武力は器力計りで測定も出来ぬぬども気力計りでも亦測定が出来ぬから恐れねばならぬのである、日本国民たるものは一整に皆此の恐を抱かねばならぬ。国民たる以上……気力の養成と同時に殖産、興業、商業、節約、有りと有らゆる手段を盡して富力の増進に努力すべき時である、……何事も夫れより割り出されねばならぬ西洋文明の直輸入では何時迄経つても間に合ふ時期が来る筈があるまい、して見ると国家の建築的要求は実利を主としたる科学体であり又あるべき事は当然である、無意味の贅事に浮身をやつして居られる時ではないのである。
　着実なる国家現在の要求が以上の如くであり又国家現状に見て国民挙て実利を主とする要求をなすべきが至当であるとすれば日本の建築家は主として須く科学を基本とせる技術家であるべき事は明瞭である、西洋のアーキテクトは何で有らうとも日本は日本の現状に照して余は此の結論に到達するのである、科学は日に月に進歩する、「如何にして最も強固に最も便益ある建築物を最も廉価に作り得べ

きか」の問題解決が日本の建築家の主要なる職務でなければならぬ、如何にして国家を装飾すべきか
は現在の問題ではないのである、……美術に対する余の解釈は下の如くである、「現在は只、国民の慰
安、人格修養、実利増進の手段等要するに国力発展上に意義を有するに過ぎぬ」美術は無意義に有難
い訳でもあるまい、斯くの如くして美的意匠は単純なれ、上品なれ、堅実なれ、決して華麗に流るる事を
許すべきでない、用は実利の問題が主である。

——佐野利器「建築家の覚悟」(下線著者)★D

　この論によって、様式デザインを建築の中心とする明治的な志向はすべて相対化さ
れたと言ってよいでしょう。これ以降、近代日本の社会は、彼の言う「実利を主としたる
科学体」を建築の中心とし、「如何にして最も強固に最も便益ある建築物を最も廉価に
作り得べきか」を求めるようになったのです。

参考文献・資料
★ A　中谷礼仁『国学・明治・建築家──近代「日本国」建築の系譜をめぐって』(波乗社、1993)
　　　http://d.hatena.ne.jp/rhenin/
★ B　アルベルト・シュペーア『第三帝国の神殿にて──ナチス軍需相の証言 (上・下)』(品田豊治訳、中央公論新社、
　　　2001)
★ C　川添登『建築の滅亡』(現代思潮社、1960)
★ D　佐野利器「建築家の覚悟」(『建築雑誌』1911年7月号)
★ E　佐野利器「建築家の覚悟」(『復刻版　日本建築宣言文集』彰国社、2011)
★ F　中谷礼仁「第8章 近代 [明治・大正・昭和前期] ひながた主義との格闘」(『カラー版　日本建築様式史』美術出版社、
　　　1999)
★ G　『日本の建築 [明治大正昭和] 3　国家のデザイン』(三省堂、1979)

第 11 回

平 和 の 発 明
丹 下 健 三 について

　2回にわたって、日本近代建築史についてお話ししてきました。私が語順を変えて、「近代日本の建築」と言っていることに気がつかれているでしょうか。これは、私がものごとが継起した順に言葉を並べようとしているからです。つまり、近代が始まり、日本が意識化され、建築が導入されたのが、「近代・日本・建築」なのです。

　ここで少し振り返ってみましょう。第9回では〈擬洋風建築〉を扱い、日本が西洋と遭遇した時代に大工棟梁たちが建てた建築を紹介しました。第10回では明治中期に誕生した日本人建築家たちが奮闘してつくった〈様式建築〉が、その後どの程度の効力をもっていたのかをお話ししました。《国会議事堂》建設前後、国家主義の膨張のなかで、その後の日本の建築界はさまざまな考え方が錯綜融合し、混迷を深めます。ただし、近代日本の建築のメインストリームを考えるならば、おおよそ次の4つのトピックを押さえておけばよいでしょう。つまり、「擬洋風建築」「様式建築」「モダニズム」「モダニズム以降」です。

　今回はその3つ目の「モダニズム」について、特に丹下健三に焦点を当ててお話ししたいと思います。丹下健三が大阪万国博覧会 (1970) の総合プロデュースをした後に、世界の状況は大きく変わりますので、それ以降が「モダニズム以降」というわけです。

》過去からの時代背景　統合的時間としての1960年代

　これまでの講義で、すでに「近代」と「日本」との対抗的関係を指摘してきました。つまり、共同体が世界的なものに触れたときに、反射的にアイデンティティが獲得されることがナショナリズムの起こりだという話です。近代日本建築の特質として、近代世界システムが周辺アジアに影響を与えていくなかで、幕府や政府が常にそれに対抗しながら文化的装置を発明してきたことが挙げられます。

　例えば、18世紀には国学という、近代日本という国家の成立条件を考えようとした学

問が生まれました。また、産業革命後には外国人を多く雇うことで日本国内を対西洋化させるという戦略があり、そのことによって日本社会のパラダイムが編成されていきました。この戦略は非常に重要でした。その後、近代一般の建築は〈近代主義（モダニズム）〉という意識的な理念に基づいたかたちを提出することで、世界経済システムに見合ったスピードや交換性をもつようになります。

　1910年代から1920年代のル・コルビュジエは、建築の理想として船や車を称揚しています。それは、これら移動装置が近代的生産様式に則してつくられた形態をしていたからです。彼にしてみれば、レンガむき出しで建築をつくることなどは、建築が宿命的にもっている古代性が直裁に出てしまうわけだから、決して許されなかった。そのためモダニズムの理念に基づいた建築は、大洋を航行する船舶のように白く塗られたのです。

　このようにして、第一次世界大戦後のヨーロッパにおいて、モダニズム建築が生まれました。戦争行為というのは、いつの世でも最も進んだ技術によって営まれますから、戦争が建築に与えた正負の両面はとても大きいものだったと思います。

　第一次世界大戦後からさまざまなモダニズム建築運動が起こりますが、日本の建築家たちはこのことに対してかなり早い対応をとっています。おおよそ10年の時差で、表現派や分離派、そしてモダニズム建築が成立しています。山田守（1894-1966）の《東

fig.1　土浦亀城《自邸》(1935)　著者撮影

fig.2　堀口捨己《大島測候所》(1938)

京中央電信局》(1925)、石本喜久治 (竹中工務店、1894-1963) の《旧東京朝日新聞社社屋》(1927) は、日本における表現主義理解が完成の域にあったことを証するものですし、その10年後にはモダニズムを造形的にも構法的にも体現した土浦亀城 (1897-1996) の《自邸》(1935) [**fig.1**] が建てられました。

土浦は、フランク・ロイド・ライトの私塾 (タリアセン) で勉強をしたのちに帰国し、《自邸》を建てました。木造地上2階、地下1階建てのホワイトキューブで、断熱材にもみ殻を使用するなど面白い試みを実践しています。ヴァルター・グロピウスによって近代建築生産の重要な役割を担う乾式構法が提案されましたが、この作品は、その構法〈トロッケンバウ〉が日本で展開された最初期の例と考えてよいでしょう。トロッケンバウとは、建設工期を遅らせてしまう塗りものを使わず、規格化された乾いた材によって建物を構成するという考え方です。

また、さらに3年後には堀口捨己 (1895-1984) による《大島測候所》(1938、現存せず) [**fig.2**] が建てられています。この建物はモダニズムに基づいた特徴的な建築部分 (これをよく「建築言語」と言ったりします) が高く評価されています。伊豆大島に建てられたものですが、当時、若い建築家が僻地の公共建築設計に登用され、人知れずモダニズム建築が生まれていくということはよくありました。

こうして、日本のモダニズムは比較的早い段階で起こっていましたが、同時にその抵抗作用としてモダニズムではない旧来の様式的手法でつくろうとする潮流も残っています。渡辺仁 (1887-1973) による《東京国立博物館本館》(実施設計は宮内省内匠寮、1937) [**fig.3**] は、鉄筋コンクリートでつくられた建築に和式の屋根を載せることによって、

fig.3 渡辺仁《東京国立博物館本館》(1937) 著者撮影

fig.4　坂倉準三《パリ万国博覧会日本館》(1937)

日本性（当時「日本趣味」と言いました）を表そうとする〈帝冠様式〉の代表作です。昔、軍人会館とも呼ばれていた《九段会館》（川元良一実施設計、1934）も同様の様式です。

　この建築スタイルは、軍国主義と連動していたと見なされることも多く、その一面がないとも言えないですが、アジア一般でよく見かける方式です。つまり、地域性がほぼなくなってしまった近代建築に地域性を付与しようとしたとき、屋根を載せるという行為は、極めて凡庸な一般解とも言えます。

　ところが、このやり方は当時の建築界から稚拙であると非難されることとなりました。こんなものは表層のデザインにすぎないというわけです。したがって、やはり近代日本の建築の運命である日本的なものと西洋的なものを融合する表現の模索が問題となっていきます。

　坂倉準三設計の《パリ万国博覧会日本館》(1937) [fig.4] は、坂倉の師匠であるル・コルビュジエ的なモチーフを用いていながらも、ピロティの柱は《桂離宮》のように細く、スロープは回遊式で、金属材で斜めに組まれた外壁は海鼠壁を思わせます。《築地ホテル館》で清水喜助が採用した、あの壁の表現です。これが日本的だとされたようで、海外審査員から高く評価され、建物自体がゴールド・メダルを受賞しています。

　実は日本の木造建築は、19世紀末から次第に西洋世界で知られはじめ、そのシンプルな構成美はモダニズムの誕生にも大きなインスピレーションを与えたと言われています。私の知っている限り、確かにそれを証するようないくつかの事例があり、その意味において真実であったと言っていいと思います。

　ところが、この流れが日本に逆輸入されると、軍国主義化しつつあった当時、モダニズム建築家たちの間で、「やはり日本スゴイ！」とか「日本ははじめからモダニズムだった！」とか自画自賛が始まり、話がややこしくなっていきます。日本建築を近代性に取り入れた

fig.5 堀口捨己《岡田邸》(1933)

のは外国の方々の営為なのですけどね。先の「さまざまな考え方が錯綜融合し、混迷を深め」たというのは、この時期、1930年代ですね。まあ割愛しておきましょう。

　モダニズム建築における「日本的なるもの」の追求はことごとく失敗に終わるのですが、「失敗を前提としたうえでその結果成功した」かのような作品があるので紹介しておきましょう。先に紹介した堀口捨己がつくった《岡田邸》(1933) [**fig.5**] です。この建物は、当初、別の施工者によって数寄屋建築でつくられていましたが、完成間近というところで施主が洋風建築を要望したため、堀口がそれを担当し、その結果全体の調整を引き受けることになったという代物です。はじめから失敗が確定しているような条件ですよね。

　堀口は、既存の数寄屋建築とモダニズム建築的なホワイトキューブ双方を包含するように、その敷地全体を、芝生で覆った「秋草の庭」と呼ばれる庭で構成します。そして、和風建築部分とモダニズム建築部分との間には、細長い矩形の池がすっと挟み込まれているのです。その中に石を置き、柱を立てています。つまり、この庭は両者の断絶を認め、それをそのままにつなげようとしているのです。様式の「融合」ではなく「併存」ですね。庭をもって全体を統括するというこの構想は極めて高級なものだったと思います。堀口はモダニズム建築家でありながら、茶室建築、特に戦時中には千利休研究に没頭していました。最終的に利休に関する論文で北村透谷賞を受賞し、建築家と学者の間を往来した人物でした。

　さて、その後日本は太平洋戦争に突入し、敗北します。そして戦後が始まり、本格的なモダニズム建築興隆の時期がやってきました。1950年代から60年代にかけてのいわゆる高度経済成長の時代がその最盛期でした。すると、近代的なものと日本的なものとの、これまで決して融合しないコインの表裏にあった関係が、次第に一体化、交差し

fig.6　丹下健三の卒業設計《CHATEAU D'ART 芸術の館》
（1938）東京大学大学院工学系研究科建築学専攻所蔵

fig.7　丹下健三《広島平和記念公園》（1954）
© 国土画像情報（カラー空中写真）国土交通省、1974撮影

ていったのです。その意味で奇跡的な時代でした。これを建築として統合させる役目を
担ったのが、近代日本最大の建築家と言ってもよい丹下健三（1913-2005）でした。

》平和の発明

　ここからは、世界的な建築家として早くに認められた丹下健三の話をしていきましょ
う。丹下健三という人物は、建築家という存在の鑑であり象徴でもあります。ここでの
建築家とは、単なる自分の思惑だけではなく、日本の建築的伝統といった美的文化と現
代社会の要求とをどのように結合できるかということを、真剣に考える地平のなかで仕
事をしたという意味です。その意味で現在は、このような「The」のつくような建築家は
本当に少なくなってしまいました。彼は生涯にわたって大規模な公共建築を構想し、設
計してきました。

　はじめに見るべきは彼の東京帝国大学での卒業設計です［**fig.6**］。卒業設計である
《CHATEAU D'ART 芸術の館》（1938）は、ル・コルビュジエが提案した《ソヴィエトパ
レスの設計競技案》［**第7回 fig.11**］に影響を強く受けていたことがわかります。清冽な水
色を用いた学生時代の丹下の建築ドローイングは学生間で有名だったらしく、水彩に
よる鮮烈な青色をうまく用いて、清涼感溢れる建物を提案しています。建築史家の藤
森照信氏が指摘していましたが、この卒業設計の特徴は、ル・コルビュジエ的であるとい
うことだけではなく、中心における空虚性です。その後の丹下の計画では、建築は何か
の額縁のようで、その真ん中が空いている、そんなイメージの計画があるのですが、それ

がすでに卒業設計でも見られるというわけです。

そして、この空虚性が最大限に表現されたのが《広島平和記念公園》（1954）[**fig.7**]です。この計画で重要なのは、原爆ドームです。丹下は原爆ドームをビスタの中心に置くように、新しい建物や公園や広場を整備したのです。ピロティで1階が吹き放たれたコンクリート打放しの《広島平和記念資料館》（本館、1955）の建築は、同時にゲートでもありました。そのゲートをくぐると、原爆ドームが広場に設えられた慰霊碑を照準のようにして、その視点の中心に定位します。この視覚体験によって、広場全体が緊張感のある、意味をもった高い象徴性を確保しているのです。原爆ドームが平和の象徴として蘇りました。まさに丹下は建築デザインによって、平和の象徴物を再定義＝発明したのです。

》木割と黄金比

次は細部を見てください。これは同資料館の東館（1955年竣工。1994年に外観を保持しつつ全面的に建て替えられた。素材などに相違点あり）で、東京大学丹下研究室設計による外側柱梁の表現です[**fig.8**]。外部にはベランダが回っているのですが、主体構造ではないので柱や桁をかなり細くすることができました。さらに比例的にも美しく、丹下自身は黄金比と日本の木割を両立させるような比例関係を追求していったようです。つまり、西洋近代発祥の鉄筋コンクリート技術を前提にして、そこに木造建築としての比例関係を適用させたのです。このような細部の比例追求は、一般的にはそれほど大きな意味をなしていなかったかもしれませんが、西洋と日本の統合という近代的難問を抱

fig.8　丹下健三《広島平和記念資料館》東館（1955、1994建替）　端正なプロポーションをもつ柱梁
Taisyo（CC BY-SA 3.0）

fig.9 丹下健三《自邸》(1953) 断面図

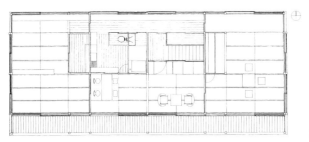

fig.10 同、平面図

えていた日本の建築家たちにとっては、両者が矛盾なく統合しえたこの結果は極めて意義深いものだったと言えます。

　彼は住宅の傑作もつくっています。地上２階建ての木造住宅、《丹下自邸》(1953)です。この住宅はだいぶ昔に取り壊されてしまいました。彼はピロティやユニバーサルスペースのような開放的平面など、モダニズム建築の特徴を大きく捉えながら、それを日本建築の建築言語に置き換えてさらに展開することで、みやびな寝殿造りのような住宅をつくり上げてしまいました。

　配置図や断面図を見ると、塀がなく、住宅は高床式で浮いていて、大地は公園のように開放されています[**fig.9**]。木造にすることによって、ピロティは大変気持ちのよい庇下もしくは亭の軒下のような空間になっています。階段を上がった先の大きな廊下の両脇は座敷と居間に振り分けられていて、かつ回遊可能であったりと、プランの巧妙さがよくわかります[**fig.10**]。

　ここでも「挟み梁」といった材断面を分割して小さく見えるようにする細部を採用していて、彼のその後の鉄筋コンクリート造での表現にも影響を与えています。ほかのアジア諸国でも、スリランカの建築家ジェフリー・バワ(Geoffrey Bawa, 1919-2003)は、ミースのような平面でスリランカの木造構法を使うので大変面白い建築になっていますが、その意味で丹下と似ていると思います。

≫コアの発見

　さて、丹下が着々と彼の建築手法を開発していくなかで、《旧東京都庁舎》(1957)から顕著な方法が見えはじめてきます。それは丹下が日本性と世界性とを融通無碍に表現できた要因となる方法論です。まず、《旧東京都庁舎》は、その外装の繊細さが当時革命的でした。中に主体構造が眠っているのですが、外装は全体がバルコニーとなっていて、ほとんどキャンチレバー(片持ち)で、薄く細くつくられています。そしてこの建築で、丹下は〈コア〉という構造概念を提出しました。

　コアとは建築の荷重を集中的に負担する部分のことで、建築的要ともなります。具体的には厚い壁で構成された中空柱を想像してもらえればよいのですが、そこが階段室になったり、空調室になったり、エレベーター室になったりします。ようはすべての階に共通する設備を収納しているので、機能的にもコアなわけです。こうすることで残りの部分には構造的な負担がかからず、機能的な制約から解放され、巨大なコアと細い側柱という明瞭なコントラストを生み出すことに成功したのです。

　いまでは当たり前となっているこのコアの概念を、最初に意識的に提出し、自らの方法論のコアに据えたのが丹下なのです。丹下健三を一言で表せば、「コアの建築家」なのです。それでは、このコアシステムの射程がどこまであったかを確認していきましょう。

≫コアシステムの活用

　《香川県庁舎》(1958)[**fig.11,12**]を見ると、丹下にとってコアシステムがいかに重要な方法論となったかよくわかります。この建物の各階は、コアにすがりつくように建てられています。平面では小さい建物ながら、四周に等間隔に置かれた小柱とセンターに置かれたたった1本のコアを規則的に関係づけることで、間仕切りを自由に取りつけることができるというアイディアです。

　《旧東京都庁舎》と比べると、コアはより意識化されて、自由度と造形性がさらに増しています。丹下の言う〈センターコア〉の発明です。コアがあるためにファサードも自由に表現することができ、コンクリート造の四周のバルコニーでは、《丹下自邸》で採用された「挟み梁」が大活躍しています。少しプロポーションは違いますが、センターコアとバルコニーの屋根先のような表現があいまって、遠目に見るとまるで五重の塔のようです。

　《旧東京都庁舎》では芸術家岡本太郎(1911-1996)と組みましたが、《香川県庁舎》には流政之(1923-)によって現代彫刻の庭がつくられました。

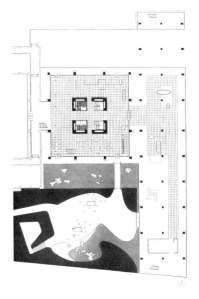

fig.11　丹下健三《香川県庁舎》(1958)　著者撮影　　　fig.12　同、1階平面図

　また、当時の建築雑誌を見ると面白いのですが、丹下健三が建物を発表すると、それを模した建物がその後に数多く発表されます。彼の建築は典型力が強く、またわかりやすかったので、一気に広まったのです。とりわけ《香川県庁舎》の手法はとてもわかりやすいため、九段下や丸の内などのオフィスビルでいくつか似たような形の建築が建てられました。いまではそのほとんどが建て替えられてしまっています。

»《東京計画1960》コアシステムの都市への展開

　こうした快進撃が続くなかで、未来都市計画《東京計画1960》(1960)[**fig.13,14**]が発表されます。当時は高度経済成長の真っ只中であり、公害や交通渋滞が頻繁に起きたことで東京の首都機能を移転しようという議論も出はじめていました。丹下以前にも菊竹清訓 (1928-2011) や大髙正人 (1923-2010) など、いろいろな建築家が個別に未来都市計画を提案しています。それらを横目に、1960年に丹下研究室は、満を持して正月のテレビの特番でプロジェクトを発表しました。それなりの衝撃力があったに違いありません。昔の建築家は総理大臣くらいの権威があったのです。彼らの主張では、都市としての東京は皇居を中心としながら同心円状に発展していったために、都市構造が

fig.13 丹下健三《東京計画1960》(1960)　　　　fig.14 同、細部　　　　fig.13,14 撮影：川澄明男

わかりにくくかつ発展も難しい。そこでリニアな、つまり線状に進展する都市モデルを掲げたのです。

　それは皇居の周りを起点にして木更津沖までをハイウェイで結び、そこに垂直に並んだ巨大いかだのようなインフラの上にオフィスや住宅を建てるというものです。このヨットのような建築の間を車で移動するという未来都市の構想は、磯崎新や大谷幸夫（1924-2013）など、当時丹下研究室に在籍していた若い学生たちも参加して案を出し合ってつくったものでした。模型も大変素晴らしいです。

　彼らは本当の都市から離れたことで、このような大胆な計画を生み出しました。法律を含む多くのしがらみを超えるためには、上空に建物を飛ばせばよい。つまり、既存の都市の上空に構築された線的なハイウェイの上に建物をつくろうと考えたわけです。

　ところで、計画の模型が置かれた背景には、東京の空中写真が使われていますが、これは1949年に米軍が撮影したまだ焼け野原の残る東京です。いろいろなしがらみ、特に敗戦という記憶すら断ち切ろうとするような意識も見え隠れしていて、よくよく見ると怖い組み合わせになっています。

≫メタボリストたち

　では、なぜ丹下はこのようなものを提案したのでしょうか。当然ですが、当時建築運動

として華やかな活躍を繰り広げていた〈メタボリズム〉(1960-)の影響がありました。早稲田大学卒業後の菊竹清訓は、戦後日本の土地制度を信用せず、建物を海上に建てたり、空中に飛ばす提案を盛んに行い、そのビジョンによって急速に頭角を現しました。一方、同じく早稲田大学の出身である評論家川添登は、メタボリズムの理論的主導者でした。彼が《国会議事堂》を墓場であると述べたことからもわかるように(第10回参照)、彼らの戦後日本に対する、諦めと同時にそこから抜け出そうとした性急な未来志向は、この時期を象徴する建築運動でした。日本での開催となった「世界デザイン会議」(1960)準備中に、事務局を兼ねていた坂倉準三事務所でぽかんと座っていた菊竹に川添が声をかけて生まれたのがメタボリズムだったそうです★A。

　メタボリズムの考え方では、建築をつくっていくことで都市の新陳代謝を促進させ、その結果、別次元的な建築投入がなされます。菊竹清訓の《塔状都市》(1958)[**fig.15**]ではコンクリート製のポールがあり、新婚夫婦がカプセルで釣り上げられるといった演出が考えられました★B。これを実現してしまったのが《中銀カプセルタワー》(1972)[**fig.16**]をつくった黒川紀章(1934-2007)です。その実現が性急すぎたのでしょうか、同建物は、現在まで一度も新陳代謝されることはありませんでした。

　丹下健三はこうした加速する経済とそれに呼応しようとする建築ビジョンに乗りつつ、その指導的立場に居続けようとしました。その活躍の日本でのピークは1960年代中期

fig.15　菊竹清訓《塔状都市》(1958)

fig.16　黒川紀章《中銀カプセルタワー》(1972)
著者撮影

から後期でした。その時代の作品を見ていきましょう。

≫近代・日本・建築の頂点

　1964年東京では、アジア初の近代オリンピックの開催が実現しました。《国立代々木競技場》(1964)[**fig.17-19**]はそのためにつくられた屋内競技場です。この建築は、誰が見てもよい建築なのではないでしょうか。そこに投入されたダイナミックな技術とその品質は画期的でしたし、それをまとめる丹下健三のわかりやすさが際立っています。

　皆さんは、この建造物が土木における吊橋構造をメインの建築構造として使っていることはおわかりでしょう。2本の柱を立て、そこに高張力ケーブルを張り、さらにそのメインケーブルから垂直方向にワイヤーを引いて、そこに出来た自然の放物線に合わせて鉄板屋根を葺いています。この構造は、同時に帆船のようでもあり、ひいては船形埴輪の形態すら思い起こします。

　丹下は同時期《香川県立体育館》(1964)でその前哨戦のような、まさに船形埴輪のような体育館を設計して実現させています。《国立代々木競技場》では、高張力ケーブルおよび鋼による吊屋根構造のなかにさまざまなデザインリソースやテクニカルなアプローチが統合されているのです。吊橋構造で建物が出来ているとわかると、あのメインケーブルにかかっている荷重の巨大さが想像でき、この空間に内在している異常に張った力を感じることができるでしょう。この建築がもっている緊張感とは、まさにこのテンションから来ています。この建築はその統合性によって近代日本の建築表現のピークと言っていいと思います。

　《東京カテドラル聖マリア大聖堂》[**fig.20,21**]も同じ1964年の竣工です。この頃の丹下研究室は神がかっていますね。東京都文京区の関口という場所にあります。ここ（早稲田大学）からも近いので是非見に行ってください。

　ここで彼が挑戦したのはHPシェル（双曲放物面シェル）です。HPシェル（hyperbolic paraboloid shell）とは、双曲放物面状の殻のような構造で建築物の全体が構成されているものです。HPシェルのねじり方をうまく使い、ひし形の平面から上にいくにつれて十字になっていくという構成が達成されています。

　中に入るとカタストロフィックと言ってもいいくらいの傾いだ空間が出来ています。私はここを訪れると、理由はわかりませんが初代『ゴジラ』(1954)の映画のシーンを思い出します。まだ凶暴な頃のゴジラで、その怒りを鎮めようと教会で女性たちが必死に祈っています。その崇高な感じが、この空間にはあると思います。

fig.17　丹下健三《国立代々木競技場》(1964)　写真提供：独立行政法人日本スポーツ振興センター

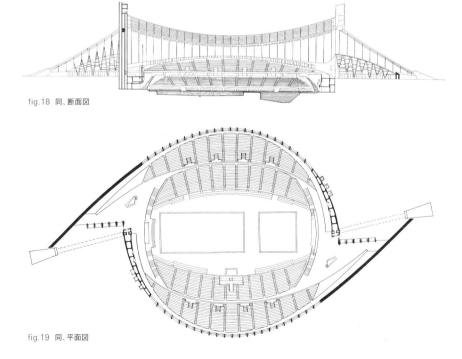

fig.18　同、断面図

fig.19　同、平面図

fig.20　丹下健三
《東京カテドラル聖マリア大聖堂》
(1964) 内観

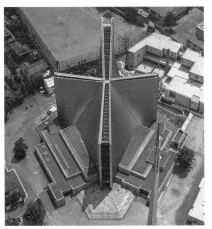

fig.21　同、鳥瞰写真　撮影：新建築社写真部

　おそらくそれは、丹下が復活させようとしてきた空間、日本を覆っていた戦後という空間ではなかったかと思います。これらの作品は丹下の最高傑作であることに間違いはありません。それではこの頃、丹下のコアシステムはどうしてしまったのでしょうか。もちろん健在でした。

》分散するコアシステム《築地再開発計画》

　丹下はセンターコアからさらに飛躍し、建築単体に限定されない、いわば都市のコアを提案しはじめました。《築地再開発計画》(1964) です。これは都市的機能をもったコアが、まず都市内に分散して建設され、そのコアを足掛かりに、ブリッジ的な建造部を2つのコアに差し渡して、都市インフラを増築していこうとするものでした [**fig.22**]。仮にその下に既存の建物があっても、新しい都市インフラは上空に建てられるので微動だにしません。いまとなっては極めて乱暴な案ですし、当時の技術力ではそのような都市は完成しなかったでしょう。しかしながら、丹下のすごいところは部分的にでもその模型のような一部を実際の建築の一部として建ててしまったところです。

　例えば、現存する《電通本社ビル》(現・電通テック本社ビル、1967) も、この分散コアの一部として展開されています。同じく《静岡新聞・静岡放送東京支社》(1967) も分散コアの予兆的デザインとして見られるべきものです。ここではコアであるシリンダー状の柱とそれに取りつく片持ち梁の建築スペースで構成されています。いまでも銀座のラン

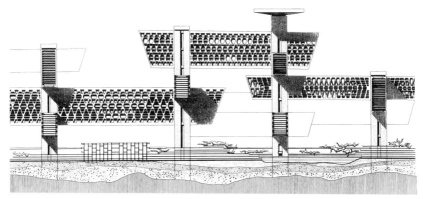

fig.22　丹下健三《東京計画1960》空中都市断面　のちの《築地再開発計画》(1964)の原型となった

ドマークとして新幹線を出迎えています。

　分散コアの最も完成度の高い事例は《山梨文化会館》(1966)[**fig.23**]でしょう。ここでは従来のまとまったコアは、階段、エレベーター、トイレなど各機能を分けた分散コアにされ、それを敷地に離れた間隔で建設し、それに付随するようにして空間を形成しています。この考え方をより拡大すると、先の《築地再開発計画》に行き着くわけです。つまり、丹下たちは都市で行おうとしたことを、逆に建物単体のなかに取り入れ実践してみたというわけです。

　この建物の分散コアの手法を見て、最近の有名な建物に似ていると思った方がおられたら慧眼と言わざるをえません。伊東豊雄(1941-)による《せんだいメディアテーク》

fig.23　丹下健三《山梨文化会館》(1966)

（2000）です。《メディアテーク》では、分散型のコアが採用されています。そして、丹下より前進しているのは、そのコアが一定の固定された形態ではなく、より離散した、ランダムに見えるコア群として設計されているところです。これらは、最近のコンピュータによる計算の驚異的な進歩がなかったらなしえなかったと思います。

≫人類の進歩と調和

　丹下健三の快進撃は《日本万国博覧会・会場マスタープラン》（1970）によって国内では休止符を打ちます。詳しくは次回の講義で扱いますが、その理由は、1970年代以降の日本では経済成長の停滞によって、丹下の方法論と経済の実態に乖離が起こりはじめたからです。丹下はその後、活躍の場を彼の方法論が十全に生きる新興国の開発計画に探し求め、新宿の新都庁舎のための設計競技で勝利して返り咲くまで、日本に帰ってくることはありませんでした。

　さて、《日本万国博覧会・会場マスタープラン》は、これまでの丹下たちが行ってきた

fig.24　丹下健三《お祭り広場》（1970）　写真提供：大阪府

都市計画的プロジェクトとの関連なくしては語れません。それは、当時丹下研究室のメンバーであった磯崎新や月尾嘉男（1942-）という新しい世代による《お祭り広場》（1970）[**fig.24**] を見るだけでも十分でしょう。《お祭り広場》は一個の都市です。そこに無限に広がるかのようなスペースストラクチャーが都市全体を覆っています。万博開催中毎日お祭りが繰り広げられたのでしょう。その空間に対して、《旧東京都庁舎》以来の仲間である岡本太郎は《太陽の塔》を立ち上げます。《太陽の塔》の裏面には真っ黒な太陽が描かれており、岡本のアイロニーも感じられますが、すべては予定調和的な世界でありました。

　さて、最後にニュース動画を見て終わりましょう。

──（**動画鑑賞★**^C）

　万博のテーマは「人類の進歩と調和」でした。1970年代初頭、小さい島国が、人類全体の進歩と調和を考えることができた一瞬があったのでした。

参考文献・資料

★A　中谷礼仁、鷲田めるろ「川添登オーラル・ヒストリー　2009年4月3日」
　　　（「日本美術オーラル・ヒストリー・アーカイヴ」2009.4.3）
　　　http://www.oralarthistory.org/archives/kawazoe_noboru/interview_02.php
★B　川添登『建築の滅亡』（現代思潮社、1960）
★C　映像：「【1970年3月14日】大阪万博開幕　27万人来場、月の石は4時間待ち」（懐かしの毎日ニュース）
　　　https://youtu.be/aVwj3g1AoOg
★D　丹下健三、藤森照信『丹下健三』（新建築社、2002）

第 12 回

クリティカル・グリーニズム
日本の建築 1970 年代以降

≫ポスト丹下健三の世界

　最終回は、1970 年代以降のお話です。前回取り上げた丹下健三の時代は、日本の高度経済成長期とあいまって「日本的なもの」と「世界的なもの」とが建築を介して統合された時間でした。しかしながらその時代は終焉を迎え、今後もそのような幸福な統合の時代が訪れることは、基本的にはないと思ったほうがよいでしょう。丹下の時代は、建築家の英雄時代でした。さまざまな現実を、計画者たちはモダニズム建築によって普遍的に解決しようとしたのです。

　しかしいま、私たちはポスト丹下健三の世界にいます。丹下のような方法で作品をつくったとしても、いまの時代の問題を解決したことにはならないでしょう。彼の偉大さを認めつつ、それとは違うセンス、あるいは方法のなかで建築をつくっていく必要があるのではないでしょうか。

　では、ポスト丹下健三の建築家たちは、どのようにして、どんな建築をつくり上げていったのか。この分析にはいくつか論点はありますが、私は日本の 1970 年代における現代建築、特に住宅建築分野で若い建築家たちが試み提示したトピックが非常に重要であると考えています。

　英雄は去りました。現在は、その勇姿も苔むし、植物が絡まり、身動きがとれない状態にある、そんな時代だと私は捉えています。そのような状況を乗り越えていくための見方を講義の最終回である今回は示したいと思います。それが、今回のタイトルである「クリティカル・グリーニズム (Critical Greenism)」です。

≫変革される時代・世界同時多発的課題

　1970 年代は大阪万博とともに始まりました。この頃から日本はそれまでとは位相を違えた問題に直面します。そのいくつかの事象を振り返ってみましょう。

まずは学生や民衆による抗議運動の変質です。第二次世界大戦後の自由主義社会では、それぞれの国で体制に対する抗議活動が行われてきました。それらは東西のイデオロギー対立を背景にしているにせよ、国内問題を中心にして争われてきました。

　ところが、フランスの1968年5月の大規模ストライキ（五月革命）を端緒として、その抗議運動は、メインの党派闘争ではなく、より個別的な集団、文化問題までをも含めたテーマの多様化を見せはじめます。その結果、国家を超えたランダムなつながりと一部のテロ化を引き起こしました。個人、小集団と世界とがダイレクトにつながってしまうような状況が起こったわけです。

　次に、高度経済成長によって初めて登場した大きな問題として、「公害」が挙げられます。これもアメリカの生物学者であったレイチェル・カーソン（Rachel Louise Carson, 1907-1964）が『沈黙の春』（1962）★Ａを著して当時のケネディ政権に影響を与えたように、水俣病やイタイイタイ病で苦しんでいた日本の問題だけではありませんでした。水俣病裁判で原告が勝訴した1973年、その様子をよくテレビのニュースで見ていたことを思い出します。私の子どもの頃は、公害は大変身近な問題で、広く社会的な問題でした。このような科学的課題が、現在では福島第一原子力発電所事故による放射能汚染物質の漏出で再現されたと言うことはできるでしょう。建築は社会をつくりつつ、また人間を守る存在として、公害問題に向き合う必要が生じています。

　さらに、公害と同じくらい重要なこととして、世界経済の変質によって国内が右往左往するという事態が起こりました。「世界経済と国内経済の直接的な連動性」です。1971年には当時のアメリカ大統領リチャード・ニクソン（Richard Milhous Nixon, 1913-1994）が金（為替）本位制を撤廃しました。変動相場制となった世界経済のなかで、1973年、当時イスラエルと戦闘状態にあった石油産出国による意図的な生産調整と原油価格の引き上げが契機となり、経済的なパニック現象が世界各地で引き起こされました。これを「オイルショック（石油危機）」と言います。日本では人々がこぞって石油の一斗缶を求めた結果、「風が吹けば桶屋が儲かる」ではありませんが、なぜか巷ではトイレットペーパーがなくなるという噂が流れ、みんなが慌てて買い占めを行うといった不思議な現象もありました。

　東日本大震災では計画停電が行われましたが、実はオイルショックのときもそれぞれの会社や店舗で自主停電が実行されました。私は子どもでしたが、銀座で停電があったとき、その場に直面したことを覚えています。真っ暗な銀座は、まるでダークSFの世界のようでした。1970年代からの問題群がいかに現在的問題とつながっているかおわ

かりになったかと思います。

≫新しいメディアの登場・新しい建築像の模索

　このような1970年代以降に顕著な問題の発生を背景にして、面白いメディアが続々と登場します。建築に馴染み深い2つの代表的出来事を紹介します。ひとつは、バーナード・ルドフスキー（Bernard Rudofsky, 1905-1988）による『建築家なしの建築』（1964）[**fig.1**]です。この本は1964年にMoMA（ニューヨーク近代美術館）で開催された同名の展覧会のカタログでもあります★B。ルドフスキーはモダニズム建築とモダニズム建築家を批判するために、世界各地の匿名的で驚くべき形をしたヴァナキュラーな建物を紹介しました。ドゴン族の住居や中国の窰洞（横穴式住居）、ギリシアのサントリーニの集落など、自然に人間がつくり上げてしまった匿名的な建造物のなかに構築の本質を見出したのです。

　しかし、それらに構築の本質があるのなら、もはや職業としての建築家はいらなくなってしまいます。当時すでにモダニズム、特にあらゆる問題にひとつの解で解決を導こうという機能主義的計画が破綻をきたしていた時期でした。そうした風潮のなかでの最も鮮やかな批判がこのルドフスキーの仕事でした。建築家がいないほうが世界のかたちは豊かではないかというわけです。彼はこの建築人類学とも言える切り口で、機能主義に飽き飽きしていた人々に影響を与えました。ルドフスキーのように、1960年代中盤くら

ARCHITECTURE WITHOUT ARCHITECTS
by Bernard Rudofsky

fig.1　バーナード・ルドフスキー『建築家なしの建築』（1964）表紙

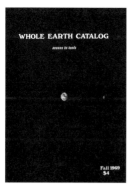

fig.2 『ホール・アース・カタログ』
1969年秋号表紙

fig.3 『ネクスト・ホール・アース・カタログ』(第2版、1981.10)誌面

いから、若い研究者や建築家たちが近代社会を飛び出して世界各地のさまざまな建築
や風土を紹介していったのです。

　もうひとつは、アメリカのアクティビストであるスチュアート・ブランド（Stewart Brand,
1938-）が、1968年に創刊した雑誌『ホール・アース・カタログ』(1968-1974)★c [fig.2,3]
です。どのような雑誌かというと、いまで言うGoogleの検索エンジンのようなものです。
例えば「家をつくりたい」など、何かアクションを起こす際、現在の私たちなら、すぐにイ
ンターネットで検索し、必要な情報を引き出すでしょう。そんなふうに、行動するための
「道具へのアクセス（Access to Tools）」を可能にするメタツールがこのカタログでした。

　DIY工具はもちろん、古典の全集からセックス玩具の買い方まで、ありとあらゆるもの
が網羅されています。従来の本がもっていた序列構造をなくし、非常に短いトピックに
分けて簡単に答えが見つかるようになっています。雑多なカテゴリが並列、展開してい
る様子は、まるで紙の上でネットサーフィンをしているかのような面白さがあります。18
世紀の啓蒙時代につくられた百科全書の再来でもあり、そしてインターネット時代の思
想的先駆けとも言えます。『ホール・アース・カタログ』は、全世界の建築好きな若者た
ちに、オルタナティブな自分たちの世界をつくり上げるという夢を与えました。ヒッピー
たちは自分たちの家をDIYによってつくりましたし、この雑誌で紹介された「フラードー
ム」も流行しました。

　この2つに共通しているのは、最も建築家に批判的なスタンスでありながら、建築界
のポスト丹下健三世代に熱烈に支持されたという点です。興味のない人はいたかもし
れませんが、この2つのメディアをあからさまに批判した有名建築家を私は知りません。

先に述べた世界同時多発的な問題群と、その対処としての新しい建築的解決案への模索はセットなのであり、それゆえこれらはそのヒントを与えるものとして受け入れられたのです。

》1970年代日本の建築の展開

　さて、それではポスト丹下健三の地平で、建築家はいかに建築を設計できるのでしょうか。

　まず登場する前提的態度が、アンチ・モダニズム（＝反近代主義）、特に機能主義批判です。機能主義はモダニズムの中心的思想のひとつであり、その解釈にはやや幅があります。私が推薦する理解の仕方は「機能（function）」を「関数（function）」と同義と見ることです。関数とは2つの変数 x と y があり、入力 x に対して、出力 y の値を決定する規則 f のことです。つまり、これは問題 x と解決 y とが f という関係規則によって決定されている（ $y＝f(x)$ ）ということですから、問題と解決は一対一対応になります。

　この対応関係を信じようとする思想やそれによって生まれたデザインを機能主義と呼びます。しかし問題と解決は、現実的にはそう簡単に一対一対応になるとは思えません。また、一度つくってしまったら変更も難しい建築物では、解決後に起こった問題、あるいは解決が引き起こした新たな問題に対応することはできないでしょう。

　例えばミノル・ヤマサキ（1912-1986）によって設計され1956年に完成した低所得者層の集合住宅で、のちにスラム化したため1972年に爆破されて、その開発全体を消去したアメリカの事例（プルーイット・アイゴー計画）などは最たるものです。映画『時計じかけのオレンジ』（スタンリー・キューブリック監督、1971）にも、主人公が住むなかばスラム化した集合住宅が出てきますね。そう言えば『未来世紀ブラジル』（テリー・ギリアム監督、1985）にも出てきました。

　これが〈モダニズム（近代主義）〉−〈機能主義〉によってつくられた建築の最大の問題でした。というわけですから、機能主義批判に端を発したアンチ・モダニズム（反近代主義）では、同一問題に対していかにセヴェラル（複数）な解決を与えていくかが重要になるわけです。そのいくつかの主要な方法を1970年代日本の建築の展開事例から紹介します。

　ひとつは〈フォルマリズム（形式主義）〉です。これは形式や形を先行させ、使い方や機能はそれらに沿うように、後から見出していこうとするような思考のプロセスを辿ります。

次に、自分たちでつくることでオルタナティブな社会性をつくり上げていこうとした〈セルフエイド（自己扶助）〉志向が登場します。セルフエイドの最も日常的な作業はいわゆる日曜大工ですが、建築専従者が日曜大工に本気を出したらただでは済まさなそうですよね。

　さらにそのより社会公認的、文化的展開と言えば〈リージョナリズム（地域主義）〉になります。これは普遍主義、いわゆるユニバーサリズムの裏面であります。グローバリズムとナショナリズムが表裏一体であったように、ユニバーサリズムとリージョナリズムもまたその関係にあります。つまり、普遍的な解決法が提示されるやいなや、その反動として固有な解決法が望まれるわけです。この図式は帝国 vs 小国でもいいですし、中央 vs 地方などといろいろ事例を検討するのに有効です。いずれにせよリージョナリズムは具体的な地域、場所に固有の問題があることを認め、そこから解決の方法論を探るわけです。

　その後、上記の方法論のうち、相応に有効であった解決提案を十把一絡げにまとめてしまった言葉が〈ポストモダニズム〉ということになります。〈ポストモダニズム〉はイギリスで活躍していたアメリカ人建築評論家のチャールズ・ジェンクス（Charles Alexander Jencks, 1939- ）が初めて用いた、建築界から広まった言葉でした。ジェンクスによるポストモダニズム原論である『ポスト・モダニズムの建築言語』★ᴰは私がこれまで紹介してきた、機能主義を乗り越えようとして生まれたさまざまな建築手法を紹介、まとめることで流通しやすくさせたものでした。つまり、ポストモダニズムは修正主義的だったと言えるでしょう。しかし、ポストモダニズムという言葉が過度に消費されることで、結果的にその内実も消費され、忘れ去られたかのようになっているのは残念です。これから紹介する建築作品には、そんななかば忘れられた、しかしいまでも魅力的な作品が登場します。おそらく皆さんには、初めて目にする作品も多いことと思います。それではここから、1970年代日本に生まれた傑作たちを見ていくことにしましょう。

》フォルマリズム

▶《反住器》（毛綱モン太［毅曠］、1972）[fig.4,5]

　まずは〈フォルマリズム〉の作品から見ていきましょう。《反住器》は建築家毛綱モン太（1941-2001）の母のための家で、3つの大きさの異なる立方体が入れ子状に構成されています。その間で人が生活しています。実際にこの建築を訪ねたことがあります。まず、1層目と2層目の間が立体的な通路空間になっており、広めなのでガラスの大開口

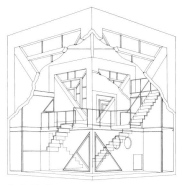

fig.4　毛綱モン太《反住器》(1972) 内観　著者撮影　　　　fig.5　同、パース

から注ぐ陽光で洗濯物が干されていました。その通路を歩くと2層目のボックスに至ります。ここが居住空間です。そして、3層目のボックスは什器でした。いまは解体されて別の形になっていましたが、形式優先であるにもかかわらず、暮らしやすそうな家という印象でした。これは設計者の毛綱モン太の天才的空間把握力があったからこそだと思います。この《反住器》は雑誌掲載当時から大きな話題になりました。そして、来日中のイギリス人建築研究者クリス・フォーセット (Chris Fawcett, 1950-1986) が、イギリスのAAスクールが出版していた雑誌『aaq』に《反住器》を紹介したところあっという間に広まり、ポストモダニズムの代表的な住宅として世界的に有名になりました。

▶《KIH7004》(鈴木恂、1970) [fig.6,7]

　コンクリート打放しというと真っ先に安藤忠雄 (1941-) を思い出しますが、もう一方の雄に鈴木恂 (1935-) がいます。鈴木は、後から説明する吉阪隆正研究室、U研究室を経たのち、メキシコに2年ほど留学します。そのときの強烈な日差しに魅せられて、日本に帰ってきてから主にコンクリート打放し住宅をつくっていきました。

　安藤忠雄の名声が広まるにつれ、シルクのようなコンクリート打放しが日本の現代建築の水準を表すものとして有名になっていきましたが、1970から80年代にかけてのコンクリート打放しの表現には、もう一方で大変力強い表現が残っていました。それはル・コルビュジエがインドのチャンディーガルで建設したコンクリートの荒々しい肌理を出典的象徴としており、モダニズム的理念がさまざまな地域の低廉な労働力に遭遇し、それを駆使してその理念的姿をプリミティヴに達成するというヒロイックな建築像をもっていました。鈴木の初期の作品はそのような系列に真に合流するものです。

　また、二枚目俳優や彫刻家が施主となったことにより、その平面や断面構成は大変ス

fig.6 鈴木恂《KIH7004》(1970) 内観　撮影:鈴木悠

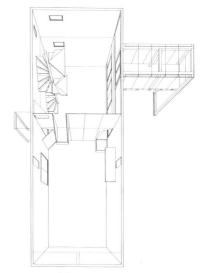

fig.7 同、俯瞰パース

タイリッシュな思い切りのよさもありました。例えば《KIH7004》のアトリエ部分では、まるで南米にいるかのような強い日差しをトップライトとして使っています。この強烈な空間像の先行もまた、フォルマリズムと考えてよいと思います。

▶《宮島邸》(藤井博巳、1973)[fig.8]

藤井博巳 (1933-) は、徹底的にグリッド空間を展開しました。早稲田界隈には宮脇檀 (1936-1998) の作品など住宅建築の名作がいくつかあります。藤井による旧《宮島邸》も早稲田にありました。

目地材を入れることでグリッドによる設計を徹底しています。外観から、建具、クッションに至るまでどこまで定尺のグリッドで設計可能かを試したような作品です。実際

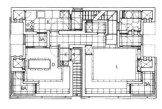

1F　　　　2F

fig.8 藤井博巳《宮島邸》(1973) 平面図

に拝見させていただいたときには、リビングのソファが経年のために一部交換されていたのですが、クライアントがグリッドに似せたクッションを自作されていました。つまり、グリッドのようにフォルムが明快で規範性が強いと、住む側もその規則に応じざるをえないのです。

▶《住吉の長屋》（安藤忠雄、1976）[fig.9]

　ほぼ独学で建築設計を習得し、その後現代日本を代表する建築家となった安藤忠雄の実質的なデビュー作が《住吉の長屋》です。この住宅の寸法を決定しているのは幾何学的なフォルマリズムではなく、大阪の長屋形式です。もとあった長屋を解体してコンクリート打放しのこの作品を挿入したわけです。先ほどお話ししたル・コルビュジエ的でヒロイックなコンクリートのイメージと過去の住宅形式の寸法がコントラストを保ちつつ統合されたという意味で、やはり歴史的な作品だと思います。

　私は7年間ほど大阪の長屋に暮らしていたことがあるのですが、長屋の間口である2間（約3.6m）は、使い勝手としては極限的な狭さです。この限られた間口に対して、その奥行きは長いのが関西の町家や長屋の都市住宅としての原則なのです。つまり、道路に面するサイズは皆が必要なので分配するように短くなり、そのぶん道に面しない奥は長くなるというわけです。

　しかしそうすると、長屋の真ん中は真っ暗になってしまうので、採光のために必ず裏か中に庭（仙栽）を設け、これによって各部屋への採光を実現しています。《住吉の長屋》ではこの中庭形式が踏襲されました。そのため前の部屋から中庭を介して奥の部屋に行くには、いったん屋外にさらされることになります。出来た当時は傘がないと別の部屋に行けない家といって有名になりました。しかし大阪の長屋の場合、奥の離れにある蔵や水回りなどには吹放しの渡り廊下を通って行くことは当たり前でした。この、当たり前のことを安藤はうまくついたのだと思います。

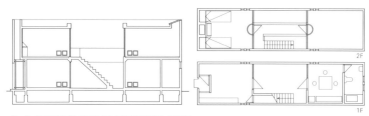

fig.9　安藤忠雄《住吉の長屋》（1976）断面図、平面図

≫セルフエイド

▶《川合健二邸》（川合健二、1966）[fig.10,11]

さて、フォルマリズムの作品に続いて、〈セルフエイド〉を志向した作品を紹介しましょう。まずは建築家石山修武（1944-）の師匠であった、コルゲートシートを用いた円筒状の住宅を発明した川合健二（1913-1996）とその自邸を外すわけにはいきません。

コルゲートシートは暗渠などに用いられる工業材料で、曲率をもった波板です。これをパイプ状に組み合わせ、各パーツをスパナを用いてボルトで締め組み合わせることで空間をつくることができます。

《川合健二邸》では円筒を二分して2階建てとしています。またこの材料は、本来は土中に入れることで構造的に安定するため、地上にあるコルゲートパイプは、その妻面を補強する必要があります。そこでハニカム構造の妻壁が採用され、それを現地の鍛冶職につくってもらっています。また、地中にゴロンと寝た形のコルゲートパイプは安定しないため、その脇を砂利で固めることで安定させています。UFOを手づくりでつくったかのような建築でした。

川合は、《旧東京都庁舎》（1957）を設計していた頃の丹下健三のもとで設備設計をしていました。彼は一種の天才で、その業績は『川合健二マニュアル』（2007）★Eに詳しく掲載されていますので、興味のある方は読んでみてください。

例えば、トータルエナジー理論を日本で初めて提唱したのは川合だと思います。その論である「200°Cまでの世界」は、都市のエネルギー供給システムに関する提案で、ゴミを利用した発電システムから、一住宅におけるエネルギーの使用法に至るまでの体系全体を提案しています★F。「200°Cまで」というのは、人間が生活に必要なほとんどの熱源は200°Cで事足りるという意味で、その視点から彼は人間生活の熱循環システムを再構築しようとしたわけです。当時、川合の周りには多くの会社のブレーンが話を聞きに来ていたそうです。彼の思想は、東日本大震災以降のエネルギー観に貴重な視座を与えてくれています。若き日の石山修武は、この家を見て川合に師事し、《川合邸》のアクソメ図を描いています[fig.11]。

▶《幻庵》（石山修武、1975）[fig.12]

大学を卒業して、あらためて川合健二に学んだ石山修武は28歳のとき《幻庵》をつくりはじめました。それは川合のコルゲート住宅をより美的にかつ日本的伝統の庵として昇華させた見事な作品でした。平面計画や入口から中空を飛ぶ室内の鉄製の軽い

fig.10 川合健二《自邸》(1966) 外観
著者撮影

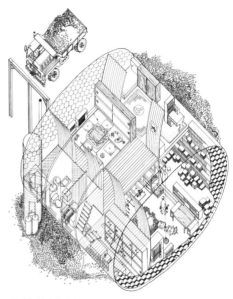

fig.11 同、アクソメ

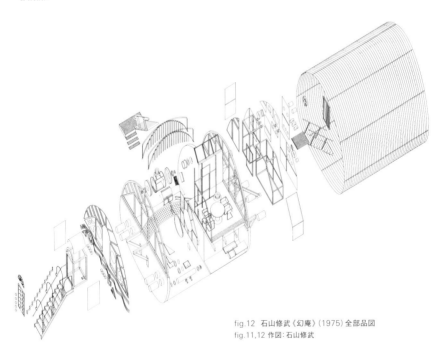

fig.12 石山修武《幻庵》(1975) 全部品図
fig.11,12 作図:石山修武

太鼓橋など見どころ満載なのですが、とりあえず指摘しておきたいのは彼が描いた《幻庵》の解説図面です [**fig.12**]。その図面は『ホール・アース・カタログ』からの影響が如実に表れています。既製品や中古の建築材料以外のパーツも転用され使われています。それらのパーツが組み合わされることで、建築がつくられています。石山はブリコラージュのように、あり合わせのものも含めて建築を再構築したのです。

▶《開拓者の家》（石山修武、1986）[**fig.13**]

　石山修武による一連のコルゲート住宅のシリーズのなかで、自力建設の将来を考えるときに最も示唆的な住宅は《開拓者の家》になると思います。1986年完成ですが、建てはじめたのは1975年です。なぜ10年もかかっているのか。それは石山がデザインし、施主が自らの力で建てたためです。

　なれそめは川合健二の家でした。専業農家だった若い施主が《川合邸》を訪ねたところ、川合が石山を紹介したようです。手紙のやり取りを通じて石山がパーツなどのつくり方や部品を送り、施主が農繁期を避けて施工していきました。溶接技術等の免許資格が必要になったらその都度取得したそうです。そのためこれだけの年月がかかったわけです。

　指示書である手紙を見せてもらったことがあります。石山からの手紙は大変わかりやすい内容で、注意点なども丁寧に伝えていました。この家の写真を見ると、まるでロマネスクの時代のような建築にも見えてしまいます。こんな時代を超えた作品が、1970年代の建築家の構想力により実現したのです。皆さんはこの作品を古いと思うでしょうか? 私は少しも古くないと思います。つまり、考え方やシステムとしてうまく成立しているのです。

fig.13　石山修武《開拓者の家》
（1986）　著者撮影

≫リージョナリズム

▶《大学セミナーハウス》（吉阪隆正、1965）[fig.14]

　次は〈リージョナリズム〉、地域主義です。この流れを主導したのは吉阪隆正とU研究室で間違いありません。その代表作である《大学セミナーハウス》は八王子にあります。個別の大学を超えて、さまざまな合宿、長期滞在用途などに使う意図でつくられました。

　逆ピラミッド型の本館だけでなく、敷地の尾根や谷の地形を駆使して、計画全体がまるで村のように配置されています。この計画は当時、度肝を抜いたでしょう。現在でさえ似たような作品群は存在しません。それは「建築家なしの建築」をどのようにして設計できるのかという矛盾に満ちたテーマに取り組んでいるからです。

　地域主義の可能性の核とは地域にベッタリと寄り添うことではありません。そうではなく、建築家が到達できない外部性、ランダムネス、偶然性、ノイズといったものをどのように建築設計に展開していけるのかということなのです。それがなければ私はリージョナリズムは取り組んでも仕方がないと思っています。そして、その偶然性への遭遇に意識的であれば、地域主義はいまでも十分魅力的だと思います。

　《大学セミナーハウス》はその先駆けであり、吉阪隆正は丹下健三と双璧をなす存在であったと言えるでしょう。

▶《名護市庁舎》（象設計集団、1981）[fig.15]

　吉阪隆正、鈴木恂がいたU研究室の出身者がつくった象設計集団（1971-）は、意識的に地域にできることをつくっていきました。沖縄はその主要な舞台のひとつでした。

　沖縄独特のコンクリートブロックを伝統的な素材として捉え、その使い方を提案した

fig.14　吉阪隆正
《大学セミナーハウス》（1965）
撮影：新建築社写真部

fig.15　象設計集団《名護市庁舎》(1981)
撮影:田熊隆樹

《名護市庁舎》が代表的な作品です。中心メンバーであった大竹康市 (1938-1983) が設計しました。コンクリートブロックを大胆に使い、広いグリッドと狭いグリッドがあります。狭いグリッドは「風の道」と称した空洞になっており、計算上は冷房なしで過ごせるようになっています。いまは残念ながら冷房が使用されています。

　また、同じく沖縄の《今帰仁村中央公民館》(1975)、埼玉県の宮代町で彼らが展開した《宮代町立笠原小学校》(1982) や《進修館》(1980) も、現存作品として是非訪問されるといい作品です。《笠原小学校》は、富田玲子 (1938-) によるオノマトペがあらゆる柱に書き込まれ、周囲の自然に溶け込んで極めてユートピア的な作品です。公民館と町議会機能を併せもつ《進修館》は、樋口裕康 (1939-) が担当し、長方形の敷地に新しい中心をもった同心円的プランを断片的に挿入したドラスティックな作品です。その形体が軋むように展開していく様はとても迫力がありますが、新しい建物の中心から見れば建物は極めて牧歌的であるという強烈なコントラストをもっています。周囲から愛され、かついまではコスプレ撮影のメッカとしても利用されているようです。

》クリティカル・グリーニズム (批判的緑化主義)

　以上、いわゆる〈ポストモダニズム〉と総称されてしまう作品の試みを見てきました。その後この流れは、建築業界的にはやや相対化されてしまいました。しかしながらそれを乗り越えて、現在まで日本的な水準の高さを保っている流れを次に紹介します。これから説明するように、その現れ方は非常に特殊なものであり、そこに私は大変興味をもっています。

　勇敢なるモダニズムは終わりました。国内的な問題に加え、国際的に共通する問題に対処していかねばならなくなり、強い建築がだんだんと消えていきます。すると、その

新しい文脈に植物的とでも言うべき特殊な解法で寄り添うような建築が出てきます。

▶《山川山荘》（山本理顕、1977）[fig.16,17]

　まずは山本理顕（1945-）の作品から始めましょう。《山川山荘》は山中に建てられた別荘で、吹放しの大床に、客間、風呂、トイレ、倉庫、ダイニングが個室的に配され、その結果誰でも——熊やヘビですら——床に入れてしまうプランニングです。訪れてみると、柱は擬人化されたようで、首長会議があるのではないかと想像させられるようでした。

　山本は大学の指導教官だった原広司（1936-）と共にアフリカや地中海で見たヴァナキュラーな家からデザインの源泉を探り、日本で具現化していったのです。その結果、これまではありえなかった住居と自然との関係が出来上がったことは非常に重要でしょう。

　これは西沢立衛（1966-）の《森山邸》（2005）の原型のような、分散型の建築です。ヴァナキュラーな建築のあり方が計画学的な俎上にて再検討された作品と言えるでしょう。この建て方は、当時の原広司に顕著に見られます。つまり自然のみならず、社会や家族の成員に対する新しい関係の仕方が検討されはじめたことが1970年代以降の建築の重要な点でした。

　さて、このような流れのなかでの計画の要点は、〈ランダムネス〉にどのように対処するかです。建築家は与件を解決するために計画し、設計し、実行に移します。その際、実際の伝統的なあるいはヴァナキュラーな建物は、場所的特性、文化的規範が計画の以前に強く先行します。その状況に合わせて建物をつくるため、単一の計画性で検討されてきた機能主義以外のランダムな要素が介在し、建築の形もそれによって変形されていきます。

fig.16　山本理顕《山川山荘》（1977）内観　撮影：山岸剛

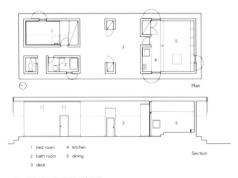

1 bed room　　4 kitchen
2 bath room　　5 dining
3 deck

fig.17　同、平面図、断面図

しかしながら、それらを統合し作品にするためには、その与件を受け入れたうえで、未知のデザインを案出していかなければなりません。むしろ外部からのノイズをそのまま受け入れ設計すること、この最も建築家らしくない計画を試みた人がいたとすれば、その筆頭にまず坂本一成（1943-）が挙がるでしょう。

▶《水無瀬の町家》（坂本一成、1970）[fig.18,19]

坂本は注目すべき理論的住宅作家であった篠原一男（1925-2006）のもとで奈良の町屋を研究し、民家的で寡黙な住宅作品を発表しはじめました。その初期の重要作品が《水無瀬の町家》です。私は学生の頃、建築雑誌で見たときから、この建物が気持ち悪いくらい魅力的だと感じていました。

その理由は、住宅の細部が至るところでわずかにずれているからなのです。例えば、出窓の下枠を統一しないで、ほんのちょっとずつ高さが違えてあります。その理由がわからないが、しかし、そこになんらかの根拠があるに違いない、しかしその理由がわからない……というような堂々巡りの感情が湧いてきたのです。こんなわずかなずれは、凡百の建築家であれば耐えられずに統一してしまうところです。

そこで、私は坂本さんに手紙を書き、実際に見に行くことにしました。《水無瀬の町家》では、隣家に面した壁が微妙に角度がついて折れ曲がっているのですが、その理由も本当によくわからなかった。しかし行ってみて、すべての謎が氷解しました。隣の昔か

fig.18 坂本一成《水無瀬の町家》（1970）著者撮影

2F

1F

fig.19 同、平面図

らある家の屋根がわずかに飛び出ていたのです。隣の家の屋根の突出に合わせて、坂本は新しい住宅の外壁を折り曲げていたのでした。このように坂本一成には、通常の計画者では耐えられないノイズを背負う懐の深さがあるのです。結果としてフォルマリズムとヴァナキュラリズムを合わせたような高次な建築が、彼によって続々と達成されていきました。

▶《中野本町の家》（伊東豊雄、1976）[fig.20-22]

　伊東豊雄はその設計者人生を菊竹清訓の事務所から始めました。そこからの影響をある程度脱し、先の篠原一男に影響を受け、坂本一成の作品に連なるまた別の傑作をつくりました。それが有名な《中野本町の家》です。その建築は一言で言えばフォルマリズムがその論理の追求とともに別の意味をもってしまう、いわば〈脱構築〉されたような作品です。

　伊東のエスキースが残されています [fig.21]。それを確認すると当初は真四角の間取りなのですが、共用部、玄関、庭、個室が徐々にＵ字型に連続してまとまっていき、最後は庭が閉じられ、周囲から隔絶した中庭が生まれました。住まい手は女性３人です。つまり異性がいません。そのため性差のために必要な間仕切りが不要になります。もちろん小さなプライベートルームは必要ですが、そのほかは連続的で構わないということが設計過程で浮かび上がってきたのでしょう。

　そして、その結果現れた閉じた中庭は異常なものです。通常庭は人間を楽しませるという鑑賞の機能をもっていますが、《中野本町の家》での中庭はその要素よりも圧倒的に単なるヴォイド（空隙）の雰囲気が強いことがわかります。何も植えられず、庭に面する建物側にも大きな開口はありません。つまり、ここは人間が不介入かのようなサンクチュアリ、植物の自生を待つ庭なのです。この住宅は取り壊されましたが、その際の解体写真を見ても、「生前」の作品と無理なくつながっているのです [fig.22]。まるでアンコールワットの遺跡のようです。植物が取り巻き、建物が壊されても違和感がありません。これまでとは違った美学が生まれたのだと感じます。

▶《せんだいメディアテーク》（伊東豊雄、2000）[fig.23]

　伊東はその後、《シルバーハット》（1984）に代表される「風の変様体」と称される、軽い金属材を用いた一連の軽快な建築をつくるようになります。まるで重いコンクリートに絡まっていた植物のほうにこそ興味が移行したかのような、ベジタティブな（植物的な）

fig.22　同、外観　写真提供：伊東豊雄建築設計事務所

fig.20　伊東豊雄《中野本町の家》
(1976)内観　撮影：大橋富夫

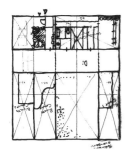  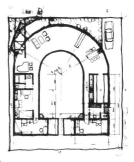

fig.21　同、プランの変遷　出典：『中野本町の家』(住まいの図書館出版局、1998)

ライトフレームが設計のモチーフとなっていきました。そして設計競技を勝ち抜いて実現した《せんだいメディアテーク》は、間違いなく現在の日本の建築の水準を示したビッグバンになりました。最初の模型の時点では、その構造体は明らかに揺らぐ植物のイメージを示しています [**fig.23**]。施工時点で多少ブルータルな構造表現に展開していきましたが、最初のイメージが森というか海中のワカメのような究極的な植物像を宿していたことは重要です。

　伊東はその後も、ベジタティブな建物を多くつくっています。最近、台湾のオペラハウス《台中国家歌劇院》(2016)を見てきたのですが、とうとうワカメが実現した感じでした。ホール前のホワイエはまるで海底数十メートルの世界のような、これまでにない空間体験でした。あえて前例を探すとすれば、村野藤吾(1891-1984)の《日生劇場》(1963)ですね。

　伊東豊雄の建築表現の美学は、先のランダムネスとコンピュータシミュレーションによるその実現化、その結果としての植物的な形態成長の追求といった点が特徴です。

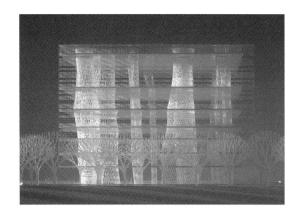

fig.23　伊東豊雄
《せんだいメディアテーク》(2000)
設計競技模型写真
撮影：大橋富夫

振り返ってみればギリシア建築の時代以来、人間は自然の造形＝ピュシス（自然に潜む存在の本質）から多くを学ぼうとしてきました。その構図はいまでも変わることがありません。現代における建築の形態表現のひとつとして、ギリシア建築から続く自然＝ピュシスに対する意識を、高度なかたちで再現しようとする美学が背後にあると言っても過言ではないでしょう。

　さて、これまでポジティブな話を多くしてきましたが、この話を〈クリティカル・グリーニズム〉、つまり批判的緑化主義に結びつけるためにも、その反対のお話をしておきます。エコロジカルな建築の追求は社会的にも最も重要な課題となっています。その原点も1970年代が始まりであったことはすでに述べたとおりです。
　つまり1970年代以降、公害や環境破壊や地球資源消費の抑制としてエコシステム、サステナビリティへの意識が明確になり、市場においても緑化は重要なテーマになりました。このような時流に対応した建築を大きく「グリーニズム建築」とすると、その建物のどれを見ても必ず同じ要素が3つあることに気がつきます。
　第一は、建築が植物で覆われていることです。建築はなだらかな丘のようになっていて、その一面によく管理された芝生が植えられています。
　第二は、建築がそのような植栽面に覆われており、全体像がよく見えずに断片化しているということです。これまでのモダニズム建築は全体的な形態によって未来の社会像を語ろうとする意気込みがありましたが、グリーニズム建築は、むしろ建築はそのような社会の全体像を語れないのだと主張しているかのようです。
　そして第三は、コラージュされた芝生の上の人々が、思い思いの活動を繰り広げなが

らも誰もがハッピーに見えるということです。その様は、建築に佇んでいるというよりかは庭園に佇む気安さを表しているようです。

　これらは日本のみならず、海外で発行された建築雑誌を飾る設計競技にも多く散見される要素なので、まさにグリーニズム建築の三種の神器と言ってもいい組み合わせなのです。

　このようなグリーニズム建築では、先の《中野本町の家》がもっていたような、植物が無制御のまま育っていくかのような気味悪さをまったく感じません。しかし、私は伊東が認めた植物のもつ不気味な側面にこそ、いま一度積極性を見出してみたいと思います。そんな日本の現代建築における植物の扱い方に、現代日本の事物に対する高い認識水準と独自性が潜んでいると思うからです。このような従来のグリーニズムを批判しうる、植物に対する独自な思考をもった建築群をここで〈クリティカル・グリーニズム（批判的緑化主義）〉と呼んでみたいのです。

　例えば、《HOUSE A》（西沢立衛、2006）のこの内観写真 [**fig.24**] にも植物が置かれていますが、表層的な幸せな様子はまったくありません。なぜかというと、すべてが植木であったり切り花であったりするからです。よく見てみるとこの草花を撮影したカメラアングルは、葬式の写真、それも自らがその棺に横たわったときに見える風景に見えないでしょうか。この指摘は私の恩師である中川武先生（1944-）がふと漏らしたのですが、とても印象深い指摘でした。このような意味で西沢の植物に対する美学は、先の芝生と幸福な人々という構図ではなく、植物と人間をめぐる生死に関係する深さがあるとも思えるのです。

fig.24　西沢立衛《HOUSE A》（2006）
内観
撮影：新建築社写真部

▶《犬島精錬所美術館》（三分一博志、2008）[fig.25]

　さて、近代建築史を通覧してきた経験から、このようなクリティカル・グリーニズムに
最も近い現象を過去から選ぶとすれば、それは〈ピクチャレスク〉とそのなかでの廃墟と
してつくられた建築になります。ピクチャレスクは自然としての植物の形態に真実性を
見、古典的な建築が崩れ廃墟となっていく時点に、新たな建築像をつかまえようとして
いたからです。

　現代の日本の建築とピクチャレスクとの共通性を皆さんはにわかには信じることがで
きないかもしれません。それでは三分一博志が設計した《犬島精錬所美術館》を上空
から写した写真 [fig.25] を見てみましょう。この美術館はかつて銅の製錬所であった工
場の廃墟を用いています。まったく新しい部分のほかに、もとの形が廃墟のように残さ
れています。この表現には、建築は時間のなかで生きるという考え方が込められている
ようで、まさにピクチャレスクの美学なのですが、それを決定づける証拠はこの写真とあ
る絵画の共通性です。

　それは、以前の講義で紹介したジョン・ソーンが雇っていた画家ガンディーによる《イ
ングランド銀行》が廃墟になったときの絵画です [第4回 fig.11]。当時の建築家には廃墟
趣味が深く根を下ろしていて、自分の新作の未来の姿を同時に想像し描くことで、その
建築の永続性を言わんとしたのです。私には、この絵画と《犬島精錬所美術館》の写
真はまったく同じ品質や嗜好をもっているように思えます。つまりピクチャレスクです。

　建築が弱くなり、私たちの生活が抑圧してきた自然、過去の遺物の基盤が、むしろ敏
感に響いてくるといった時代が現在なのです。このような批判性を持った物質的な自然
美の再登場をはじめに気づかせてくれたのが、鈴木了二 (1944-) による《物質試行47

fig.25　三分一博志
《犬島精錬所美術館》(2008)
企画運営：公益財団法人福武財団
アート：柳幸典
撮影：三分一博志建築設計事務所

fig.26 鈴木了二
《物質試行47 金刀比羅宮プロジェクト》
(2004)
著者撮影

金刀比羅宮プロジェクト》(2004)[**fig.26**]でした。これは香川県金刀比羅宮の本宮に隣接して社務所や信徒たちのための新施設を配した計画です。その建物群が囲む中庭は建物の上下階を通底するように計画されており、その表面はまるで工事中に陥没事故でもあったのかと戸惑うような真新しく露出した土なのです。そしてその始原めいた庭に、なぜか昔からそこにあったように2本の大木が立っています。真新しい土塊と以前からそこにあったような大木の組み合わせは通常の状態では考えられません。それはいわば太古の瓦礫とでも言うべき不思議なものでした。時間・人工・自然が混在した風景だったのです。

　これはピラネージがローマのランドスケープで描いたような、古代遺跡［**第4回 fig.10**］が自然化し、現代の人間の生活がかろうじてそこに寄り添っているという価値が逆転したコントラストと同じ性質のものです。人類は、自分たちが絶滅した後、この世界を覆うのは植物であることをすでに知っています。この危機感を含んだ美学に単純なエコロジー建築とは異なる、人間と自然との関係を探るひとつのデザインの道があると私は思います。

▶《**東京計画2107**》（藤森照信、2007）

　クリティカル・グリーニズムが歴史的に認知されたとすれば、その代表的人物は建築史家出身の藤森照信になると思います。彼はユニークな作風で知られていますが、単に風変わりな建築をつくっているわけではなく、その部分部分でユーモラスさと同時に怖さをも感じさせる建築をつくります。

　例えば東京の将来像を提示した《東京計画2107》では、東京タワーが錆び潰れ、建

物の多くは海に沈んでいます。過激な田舎化とでも言えばいいでしょうか。そこに木と泥でつくった大きな家——おそらく集合住宅かオフィス——が出来ています。漫画のようですが、もしこれが本当に2107年の姿であればとても怖いですね。藤森は信州で育ったこともあり、植物が決して人間にとって都合のよい存在だけではないことを本能的に理解している人物です。

▶《ニラハウス》（藤森照信、1997）

その証拠に、美術家の赤瀬川原平（1937-2014）の住宅《ニラハウス》の屋根に植えられたニラは、よく見ると植木鉢に入っており、完全にコントロールされています。彼の植物をコントロールしようとする感覚は重要です。藤森は1980年代に結成された路上観察学会という都市フィールドワーク集団の一員でもありました。あるとき同じくメンバーの一員であった漫画家の杉浦日向子（1958-2005）から1枚の写真を見せられたそうです[fig.27]。その写真は、空き家の内部に雑草が生い茂り、いままさに雑草が空き家を爆発させようとしているかのような光景でした。人間にとってまさに植物が敵になりうる瞬間を描写したものと考えることもできるでしょう。

▶《神長官守矢史料館》（藤森照信、1991）[fig.28]

デビュー作にはその人のすべてがあると言いますが、藤森の場合も同じです。彼のデビュー作は彼の地元にある古代以前から続く諏訪大社の神官の風習を展示した資料館です。その鉄平石で葺かれた屋根の前面の庇を、2本の柱が貫いています。これは機能主義を超えた、いわば生贄、供物としての柱の建て方です。近くにある諏訪大社の御柱を想起させ、藤森の自然観の面白さがよくわかります。

fig.27 雑草が生い茂っていまにも中から爆発しそうな空き家　写真提供:路上観察学会

fig.28　藤森照信《神長官守矢史料館》(1991)

fig.29　藤森照信《高過庵》(2004)
fig.28,29　著者撮影

▶《高過庵》（藤森照信、2004）[fig.29]

　《神長官守矢史料館》の周りは彼の家の敷地でもあります。そこに彼は実験的にいくつかの建物を建てていますが、その代表作が《高過庵》です。3本の柱が物見塔のような茶室を支えていますが、その柱の根元は2本です。その木は完全に殺されて、コンクリートを用いた基礎に埋められています。これも自然との共存というよりは、建物を建てるにあたっての彼の木の殺し方／活かし方をよく示していると思います。

　以前、藤森照信『グラウンド・ツアー』(2008)★G という本を制作したのですが、そのとき編集者としての私は藤森の手書きノートを見る機会がありました。そのページには人間の生と死のプロセスが書きつけられており、霊がどこに行くかといったことが検討されていました。そうしたことを考えつつ彼は《高過庵》などを建てていたのです。この建物の高さは、人間の霊魂がどこに遍在しているのかという問題が深く関与しています。

　ここで思考実験をしてみましょう。皆さんのご先祖さまの霊はどの辺りにいると思いますか。雲の上だと思う人？

──（1割程度が手を挙げる）

　いま手を挙げた人は、きっと乾いた場所で生まれ育ったんでしょうね。

　100メートルくらいだと思う人？

──（**ゼロ回答**）

　50メートル?

──（**1割未満**）

　10メートル?

──（**2割程度が反応**）

　5メートル? いや……3メートル?

──（**3割程度が反応**）

　では、1.5メートル?

──（**1割程度が反応**）

　最後に、地中と思う人?

──（**ゼロ回答**）

　だいたい傾向がつかめました。おそらく3メートルから5メートルに皆さんの先祖の霊がいるようです。なぜでしょうか? おそらくそれは、田舎の光景を思い出すとわかります。田んぼよりやや高い場所に家があります。その家の裏に山が控えています。そしてその家の墓は、その裏山の家の高さよりちょっと高いところにあるでしょう。その高さが皆さんの想像する霊の高さに深く関係しているのではないでしょうか。

　皆さんは映画『もののけ姫』（宮崎駿監督、1997）に出てきた「こだま」を覚えていますか。あの森のなかの精霊ですね。彼らも人の目の高さから木の上くらいのところでアシタカを見守っていましたよね。あれが霊の高さです。その高さを知ったとき、私たちは《高過庵》がやや「高過ぎ」に建てられていることを知るのです。

　さて、では人間が死ぬ場所としてのドンピシャの高さを藤森が狙ったとしか思えない建築があるのでお見せしましょう。それが満開の桜のなかに埋もれる《茶室 徹》（2006）[**fig.30**] です。桜は死を連想させる木でもあります。私はこの建物の高さの絶妙さを目の当たりにしたとき、美しさと恐怖を感じました。

　日本は現代においても独自の建築表現を育んでいたことは確かです。それはモダニズム内部だけの問題ではありません。私たちが建築の外部に対して、かなり敏感な感覚をいまだにもっていて、それが独自の日本建築の表現になっているのではないかというのが、今日の結論です。皆さんも今後設計していくときに、モダニズムのことを勉強することも大切ですが、同時に霊的な問題についても気を配ってください。人間は生まれ、そして死ぬものです。その人間の必然が人間の器としての建築に関係することは大いにあ

fig.30 藤森照信《茶室 徹》(2006)
写真提供：公益財団法人清春白樺美術館

るでしょう。それに向き合うことで、より深い建築が出来ていくことでしょう。近代建築史
の講義はこれですべて終わりとなります。どうもありがとうございました。

参考文献・資料

★ A　レイチェル カーソン『沈黙の春』（青樹簗一訳、新潮社、1974［原著 *Silent Spring*, 1962]）
★ B　バーナード・ルドフスキー『建築家なしの建築』（渡辺武信訳、鹿島出版会、1984）
　　　Bernard Rudofsky, *Architecture without architects*, MoMA, 1964.
　　　MoMAのサイトではカタログ（全頁無料ダウンロード可）を含む展覧会情報が公開されている。
　　　https://www.moma.org/calendar/exhibitions/3459
★ C　*Whole Earth Catalog*, 1968-1974.
　　　http://www.wholeearth.com/
★ D　チャールズ・ジェンクス『ポスト・モダニズムの建築言語』（竹山実訳、エー・アンド・ユー、1978［原著 *The Language of Post-Modern Architecture*, 1977]）
★ E　川合健二ほか『川合健二マニュアル』（編集出版組織体アセテート、2007）
★ F　儀部真二「トータルエナジー理論からみる川合健二邸の再評価とコルゲート建築の特性に関する一考察」（大阪市立大学平成18年度卒業論文）
　　　http://www.nakatani-seminar.org/kozin/2006/soturon/gibe.pdf
★ G　藤森照信『グラウンド・ツアー』（編集出版組織体アセテート、2008）
★ H　植田実編『日本の現代住宅1970年代　GA HOUSES［世界の住宅］4』（A.D.A. EDITA Tokyo、1978）

講 義 の 公 開 に 際 し て

　建築史の講義が行われる日の朝は早い。開始時刻の1時間前には研究室の机に座るのが慣例になっている。

　まずインターネットを介して学生から伝えられる、前回の講義についてのコメントを読み返す。そこで説明に不足している点があったことに気がついたら、講義の冒頭に反映するための補足資料をつくりつけ足す。また昨年までにつくったプレゼンテーション資料を確認して、最近の考えをつけ加える。この改訂作業に熱が入りすぎて、講義の開始時刻を忘れそうになることもある。

　この講義は、早稲田大学建築学科以前に勤務していた大阪市立大学での建築史の講義から15年以上続けたヴァージョンアップの結果である。さらに自分が学生時代に受けてきた先達による講義のユニークな方法を意識的に採用し、さらに改善しようと努めてきた。その効果を履修学生のコメントによって確認できることは嬉しい。この講義に取り入れた方法をいくつか紹介して、この講義が幾世代にもわたるヴァージョンアップによって成り立っていることを記しておきたい。

ライブで行うこと（中川武）

　私が建築史という領域を志したのは、その後、私の指導教員を引き受けてくれた、当時40代にさしかかろうとしていた中川武（1944 - ）の学部授業「日本建築史」を聴いたからである。

　中川は教室に入ってくると、まず周到にレイアウトされた資料を配布する。講義はまだ始まらない。彼は騒がしい教室に背を向け、その日に伝えようとするテーマを黒板に縦書きしていく。たまに書き直して、順序を変えたりしているそのとき、彼の手が止まり「あっ」と発声したのを、一番前でこの講義を受けていた私の耳が逃さなかった。そしてそのテーマ群の羅列が落ち着くと、彼は私たちに相対し、講義を始めた。彼は書きながら何かテーマを発見したのである。

　「この人の講義には、そのときに考えられた生な思考が隠されている」。このことに気がついたとき、私は猛烈に感動した。これまで私が受けてきた講義のほとんどは、すでに

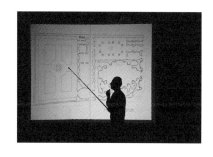

用意されている台本を、代替可能な人間
（教員）が読み上げるというものだ。しかし
一方で、数は少ないが極めて印象に残る講義も存在した。その要は具体的な人間が講義をライブで行う──生きる──ことなのだ。中川がその要を明かしてくれたのである。

　建築史という最も遅い学問のなかに瞬間的な速さがあった。このときの影響は、先に書いた毎朝の学生からのコメントの確認と、それによる講義内容の毎回の変更に表れている。

　本書のタイトルに「実況」という二文字が冠されたことは、その意味で大変名誉なことである。

ノート提出（井上宇市）

　井上宇市（1918-2009）は近代日本の空調設備を体系・整理づけた大人物で、その後の環境学の大元をつくった。彼の著した『建築設備ポケットブック』は長年にわたり空調技術者の実践的なバイブルとして有名なものである。同書は教科書としても活用された記憶がある。私も井上の早稲田大学退職直前の講義を受けた。

　ノートをすごく書いた。それは井上が期末考査にノート提出を義務づけていたからである。数式などチンプンカンプンだがとにかく写した。ノートが返ってくると、提出前とほんの少し違っていた。誤りについての添削が含まれていたのだ。マンモス校のなかで、先生から個別にコメントをもらうことは極めて珍しいのが当時の早稲田大学建築学科だったので（いまは学科全体で努力しているので改善済み）、提出ノートに添削をするとは、クールな先生だと思った。

　そういうわけで当方の建築史の講義でも、学生によるノートの提出が期末評価の主な要素になっている。足りない部分を友達のノートの手写しで補うことも、その出典の明記と作者への謝辞があれば可としている。剽窃か正当な引用かは、このような日常の心がけや友人への配慮の有無にかかっていると思う。TA（ティーチングアシスタント）と200冊近いノートに目を通し、印象に残った箇所に赤線を引き、大きな語句の間違いは

添削している。

　考えてみれば、井上が若い頃には黒板が教育情報の中心であったはずである。教員の書いた黒板上の内容を写し取ることが極めて重要であったのだろう。とにかく、ひとつの体系を1冊にまとめる作業には充実感がある。この講義でも、ノートが将来役立つ資料になることを企図している。

G・クブラー『時のかたち』

　私が建築史の講義を開始した頃、同時期に翻訳を進めていたのが G・クブラー『時のかたち』(George Kubler, *The Shape of Time: Remarks on the History of Things*, Yale University Press, 1962) であった。造形作家の岡﨑乾二郎に建築史家を自称するのはこの本を訳してから、と鼓舞されたのをきっかけに、大阪時代の研究室周辺で翻訳を行っていたのである。5年ぐらい翻訳に手間をかけたと記憶しているが、凝縮された文章から、人がつくり出した形が太古からの時間を流れていく過程や、その秘密を覗くような体験を何回か味わった。

　本書の特徴である、線的な通史ではなく歴史的イベントとしての個別事象を点的に置いて、その間を類推するという方法は、この翻訳作業からの直接的な影響である。

　課題の発見→解決→疲弊とさらなる課題の発見という、モードとしての様式の推移の論理もまたそうである。

　幸いながら、この翻訳作業もその後ようやく10年をかけて、ちょうどこの書籍にやや遅れるかたちで公刊されることとなった。是非手に取っていただければ幸いである。

　今回このようなかたちで講義をまとめる機会を提供してくれたのは、過去のこの講義に参加した当時の学生であった。現在は編集者である。半分教科書でもあり、半分読み物でもある本書の性格を的確にオペレートいただいた。

　歴史嫌い、建築好きの方々に是非本書が届けばいいと思う。

2017年9月17日　中谷礼仁

収録情報

歴史とは何か、近代とは何か　書き下ろし

I　西洋近代　ルネサンスから産業革命へ
第1回　時間の宙づりとルネサンス　2015年10月1日収録
第2回　マニエリスムからバロックへ　2014年10月2日収録
第3回　新古典主義と知性の暴発　2014年10月9日収録
第4回　折衷と廃墟　19世紀英国　2014年10月16日収録
第5回　産業革命と万国博覧会　20世紀直前の世界建築　2014年10月23日収録

II　モダニズムの極北　20世紀芸術運動と建築
第6回　基準・空間・構築　ミース・ファン・デル・ローエ　2014年11月13日収録
第7回　構成・速度・時間　アドルフ・ロース／ル・コルビュジエ　2014年11月20日収録
第8回　ランダムネス・革命・宇宙　未来派／ロシア構成主義／バックミンスター・フラー　2014年11月27日収録

III　近代＋日本＋建築
「近代＋日本＋建築」への招待　書き下ろし
第9回　白いくりがた　様式的自由と擬洋風建築　2014年12月4日収録
第10回　空白のメダイヨン　明治建築の成熟と崩壊　2014年12月11日収録
第11回　平和の発明　丹下健三について　2014年12月18日収録
第12回　クリティカル・グリーニズム　日本の建築1970年代以降　2015年1月8日収録

本書は早稲田大学創造理工学部建築学科の講義「近代建築史」（担当：中谷礼仁）の2014年度（部分的に15年度）における講義録音からその中心部分を
収録し、加筆したものである。実施した講義のうち以下の3つの回を割愛した。
・ガイダンス
・映画上映とレポート提出（『スローターハウス5』ジョージ・ロイ・ヒル監督、アメリカ合衆国、1972）
・期末レポート＆ノート提出、教員による添削後のインターネットを利用した総評回

講義情報

科目名（和・英）：近代建築史 History of Modern Architecture
担当者：中谷礼仁
授業形態：講義
単位数・区分：2単位・選択
学習目標・到達目標：
広義な意味で、近代（Modern）はルネサンスから始まった。そのように見ないと、20世紀以降のモダニズム建築の本質は
実はうまくとらえることができない。本講義は大きく3部に分かれる。第一に近代の発祥の源泉となった西洋ルネサンスか
ら産業革命までである。第二に20世紀を中心としたモダニズム建築周辺である。第三は近代日本が舞台である。江戸時
代における近代的萌芽の事例から始まり、明治、大正、昭和と日本近代の建築ならびにその達成を担った建築家たちにど
のような問題が課せられていたのか、そしてどのような作品が生まれたのかを紹介する。これによって受講者は近代建築の
本質とその拡がり、さらには課題までを大きく把握できるであろう。過去の建築を振り返ることから、建築がいかにして生ま
れてきたのか、それがどのような意味をつくり上げてきたのか、その広い領域を確認してほしい。日本における近代建築の
発展の特徴と課題もとらえてほしい。
授業概要：
授業はプレゼンテーションを主とし、必要に応じてプリントを配布する。また総合的な理解を助けるため、映画上映なども
企画する。
教科書：
『西洋建築史図集』（彰国社）、『近代建築史図集』（彰国社）、講師作成のプリント
参考書・資料：
磯崎新＋篠山紀信『建築行脚』（六耀社）、『西洋建築様式史』（美術出版社）、磯崎新＋鈴木博之『二〇世紀の現代建築
を検証する』（A.D.A. EDITA Tokyo）、井上充夫『建築美論の歩み』（鹿島出版会）、稲垣栄三『日本の近代建築　その
成立過程』上下（鹿島出版会）、渡辺真弓『石は語る建築は語る』（ほるぷ出版）など
評価方法・評価基準：
期末に授業ノートを提出する。やむを得ない場合はレポートをもって代わりとする。ノートを採点対象とし、授業中の複数
の中間制作物での成績を加算する。

図版出典

本書作成にあたり、パブリック・ドメイン (PD)、クリエイティブ・コモンズ (CC) の図版を多く採用した。
CC の画像については、図版付近に著作者情報等を記載したが、下記にこれら PD・CC 図版の参照元 URL を記す。

第 1 回　時間の宙づりとルネサンス
fig.1　https://commons.wikimedia.org/wiki/File:Florence_2009_-_0952.jpg
fig.3　https://commons.wikimedia.org/wiki/File:San_Lorenzo_Firenze_plan.JPG
fig.4　https://commons.wikimedia.org/wiki/File:Pietro_Cavallini_013.jpg
fig.5　https://commons.wikimedia.org/wiki/File:Fra_Angelico_043.jpg
fig.7　https://commons.wikimedia.org/wiki/File:3597MilanoSSatiroInside.JPG
fig.9　https://commons.wikimedia.org/wiki/File:3906VicenzaTeatroOlimpico.JPG
fig.10　https://commons.wikimedia.org/wiki/File:Essai_sur_l%27architecture_théatrale_1782_Patte_-_Plate2.png
fig.11　https://commons.wikimedia.org/wiki/File:Laurentian_Library_vestibule.jpg
fig.12　https://commons.wikimedia.org/wiki/File:Life_of_Michael_Angelo,_1912_-_Tomb_of_Giulino_de_Medici.jpg

第 2 回　マニエリスムからバロックへ
fig.15　https://commons.wikimedia.org/wiki/File:SDUK._The_environs_of_Paris,_1832_-_David_Rumsey.jpg

第 3 回　新古典主義と知性の暴発
fig.5　https://commons.wikimedia.org/wiki/File:Arc-et-Senans_-_Plan_de_la_saline_royale.jpg
fig.6　https://commons.wikimedia.org/wiki/File:Carte_générale_des_environs_de_la_Saline_de_Chaux.jpg
fig.7　https://commons.wikimedia.org/wiki/File:Paris_Weltausstellung_1867_Lageplan.jpg
fig.8　https://commons.wikimedia.org/wiki/File:Boullée_-_Cénotaphe_égyptien_-_élévation.jpg
fig.10　https://commons.wikimedia.org/wiki/File:Boullée_-_Cénotaphe_à_Newton_-_élévation.jpg
fig.11　https://commons.wikimedia.org/wiki/File:Étienne-Louis_Boullée_Memorial_Newton_Day.jpg
fig.12　https://commons.wikimedia.org/wiki/File:Erlach_2.jpg
fig.13　https://ja.wikipedia.org/wiki/ファイル:Essaisurlarchitecture.jpg
fig.15　https://commons.wikimedia.org/wiki/File:Schinkel_-_Acropolis_Palace_-_Grundriss.jpg

第 4 回　折衷と廃墟　19 世紀英国
fig.1　https://commons.wikimedia.org/wiki/File:The_Gothic_Arch,_from_Carceri_d%27invenzione_(Imaginary_Prisons)_MET_DP828196.jpg
fig.9　https://commons.wikimedia.org/wiki/File:Stourhead_garden.jpg
fig.10　https://commons.wikimedia.org/wiki/File:The_Forum_Romanum,_or_Campo_Vaccino,_from_the_Capitol,_with_the_Arch_of_Septimius_in_the_foreground_left,_Temple_of_Vespian_right,_and_the_Colosseum_in_the_distance_(Veduta_di_Campo_Vaccino)_MET_DP828309.jpg
fig.11　https://commons.wikimedia.org/wiki/File:Joseph_gandy_bank_ruins.jpg

第 5 回　産業革命と万国博覧会　20 世紀直前の世界建築
fig.1　https://commons.wikimedia.org/wiki/File:Philipp_Jakob_Loutherbourg_d._J._002.jpg
fig.2　https://commons.wikimedia.org/wiki/File:William_Williams_The_Iron_Bridge.jpg
fig.4　https://commons.wikimedia.org/wiki/File:Crystal_Palace_-_plan.jpg
fig.5　https://commons.wikimedia.org/wiki/File:Kristallpalast_Sydenham_1851_aussen.png
fig.6　https://commons.wikimedia.org/wiki/File:Crystal_Palace_interior.jpg
fig.9 右　https://commons.wikimedia.org/wiki/File:Tassel_House_stairway.JPG
fig.10　https://commons.wikimedia.org/wiki/File:Vue_générale_de_l%27exposition_universelle_de_Paris_de_1867.jpg
fig.11　https://commons.wikimedia.org/wiki/File:The_Japanese_pavillion_Ho-o-den_02,_World%27s_Columbian_Exposition_1893.jpg
fig.13　https://commons.wikimedia.org/wiki/File:Maurice_koechlin_pylone.jpg
fig.16　https://commons.wikimedia.org/wiki/File:Construction_tour_eiffel.JPG
　　　　https://commons.wikimedia.org/wiki/File:Construction_tour_eiffel2.JPG
　　　　https://commons.wikimedia.org/wiki/File:Construction_tour_eiffel3.JPG
　　　　https://commons.wikimedia.org/wiki/File:Construction_tour_eiffel4.JPG
　　　　https://commons.wikimedia.org/wiki/File:Construction_tour_eiffel5.JPG
　　　　https://commons.wikimedia.org/wiki/File:Construction_tour_eiffel6.JPG
　　　　https://commons.wikimedia.org/wiki/File:Construction_tour_eiffel7.JPG
　　　　https://commons.wikimedia.org/wiki/File:Construction_tour_eiffel8.JPG

第 6 回　基準・空間・構築　ミース・ファン・デル・ローエ
fig.3　https://commons.wikimedia.org/wiki/File:NewYorkSeagram_04.30.2008.JPG
fig.5　https://commons.wikimedia.org/wiki/File:Reservist_of_the_First_Division_(Malevich,_1914).jpg
fig.6　https://commons.wikimedia.org/wiki/File:Black_Square_and_Red_Square_(Malevich,_1915).jpg
fig.7　https://commons.wikimedia.org/wiki/File:Kazimir_Malevich_-_%27Suprematist_Composition-_White_on_White%27,_oil_on_canvas,_1918,_Museum_of_Modern_Art.jpg

第 7 回　構成・速度・時間　アドルフ・ロース／ル・コルビュジエ
fig.1　https://commons.wikimedia.org/wiki/File:Pavelló_Mies_van_der_Rohe_-_panoramio.jpg
fig.5　https://commons.wikimedia.org/wiki/File:Barcelona-Pavillon,_July_2014_(03).JPG
fig.17　https://commons.wikimedia.org/wiki/File:Fusil_photographique_Marey1.png
fig.18　https://commons.wikimedia.org/wiki/File:Mann_trägt_für_ein_Experiment_einen_schwarzen_Anzug,_der_weiße_Linien_entlang_der_Glieder_hat_1883.jpg

第 8 回　ランダムネス・革命・宇宙　未来派／ロシア構成主義　バックミンスター・フラー
fig.11　https://commons.wikimedia.org/wiki/File:Casa_Sant%27Elia.jpg
fig.13　https://commons.wikimedia.org/wiki/File:Tatlin%27s_Tower_maket_1919_year.jpg
fig.14　https://commons.wikimedia.org/wiki/File:El_Lissitzky,_Lenin_Tribune,_1920._State_Tretyakov_Gallery,_Moscow.jpg
fig.16　https://commons.wikimedia.org/wiki/File:1931._Клуб_Русакова_Союза_Коммунальников_.jpg
fig.19　https://commons.wikimedia.org/wiki/File:Apollo-Soyuz-Test-Program-artist-rendering.jpg

第 9 回　白いくりがた　様式の自由と擬洋風建築
fig.10　https://commons.wikimedia.org/wiki/File:Cottage_residences_-_or,_A_series_of_designs_for_rural_cottages_and_cottage_villas,_and_their_gardens_and_grounds._Adapted_to_North_America_(1847)_(14596549507).jpg
fig.17 下　https://commons.wikimedia.org/wiki/File:Tokyo_Nichinichi_Shinbun_No.933.jpg
fig.18　https://commons.wikimedia.org/wiki/File:Kyuzeikan003.jpg

第 10 回　空白のメダイヨン　明治建築の成熟と崩壊
fig.1　https://ja.wikipedia.org/wiki/ファイル:First_block_of_mitsubishi_co_building.gif
fig.2　https://commons.wikimedia.org/wiki/File:Former_Iwasaki_Family_House_and_Garden_2010.jpg
fig.5　https://commons.wikimedia.org/wiki/File:Hyokeikan_of_Tokyo_National_Museum_2010.jpg
fig.8　https://commons.wikimedia.org/wiki/File:Nara_National_Museum_20160430.JPG
fig.9　https://commons.wikimedia.org/wiki/File:Kyoto-National-Museum-M1715.jpg
fig.18　https://commons.wikimedia.org/wiki/File:Nazi_party_rally_grounds_(1934)_3.jpg
fig.19　https://commons.wikimedia.org/wiki/File:Reichsparteitag._Der_grosse_Appell_der_Politischen_Leiter_auf_der_von_Scheinwerfern_berstrahlten_Zeppelinwiese_in..._-_NARA_-_532605.tif
fig.20　https://commons.wikimedia.org/wiki/File:Okurayama_Memorial_Hall.jpg

第 11 回　平和の発明　丹下健三について
fig.2　https://commons.wikimedia.org/wiki/File:HORIGUCHI-Oshima-Weather-station.jpg
fig.4　https://commons.wikimedia.org/wiki/File:SAKAKURA-Paris-pavilion.jpg
fig.5　https://commons.wikimedia.org/wiki/File:HORIGUCHI-Okada-house.jpg
fig.7　https://commons.wikimedia.org/wiki/File:Hiroshima_Peace_Memorial_Park_1974.jpg
fig.18　https://commons.wikimedia.org/wiki/File:International_Conference_Center_Hiroshima_2008_01.JPG
fig.20　https://commons.wikimedia.org/wiki/File:Stmary4.jpg
fig.23　https://commons.wikimedia.org/wiki/File:Kofu_new_north_station_view.JPG

第 12 回　クリティカル・グリーニズム　日本の建築 1970 年代以降
fig.2　https://commons.wikimedia.org/wiki/File:WEC-69F-C.jpg

索引

さ 行

＊本書は2017年10月にLIXIL出版から刊行された同名書籍の再刊です。

中谷礼仁 (Nakatani, Norihito)

1965年、東京生れ. 建築史. 早稲田大学創造理工学部建築学科教授. 大阪市立大学建築学科を経て、2012年より現職. 2010-2011年日本建築学会発行『建築雑誌』編集長. 近世大工書研究、数寄屋・茶室研究の後、都市の先行形態の研究、今和次郎が訪れた民家を再訪しその変容を記録する活動を経て、現在長期持続集落研究・千年村プロジェクトを展開・継続中. 2013年にはユーラシアプレートの境界上の居住・文明調査でアジア、地中海、アフリカ各地を巡歴. 建築設計も手がける. 2019年より生環境構築史をテーマに、編集同人松田法子・青井哲人らと学際的Webzineを展開.

[著訳書]
『実況・比較西洋建築史講義』(インスクリプト、2020)、『未来のコミューン──家、家族、共存のかたち』(インスクリプト、2019. 2020年日本建築学会著作賞受賞)、『動く大地、住まいのかたち──プレート境界を旅する』(岩波書店、2017. 2018年日本建築学会著作賞受賞)、『実況・近代建築史講義』(LIXIL出版、2017. 本書の元本)、『今和次郎「日本の民家」再訪』(瀝青会名義、平凡社、2012. 2013年日本生活学会今和次郎賞、同年第一回日本建築学会著作賞受賞)、『セヴェラルネス＋──事物連鎖と都市・建築・人間』(鹿島出版会、2011)、『近世建築論集』(アセテート、2004)、『幕末・明治期規矩術の展開過程の研究』(早稲田大学博士論文、私家版、1998)、『国学・明治・建築家──近代「日本国」建築の系譜をめぐって』(波乗社、1993)、ジョージ・クブラー『時のかたち──事物の歴史をめぐって』(共訳、SD選書、鹿島出版会、2018)他.

実況・近代建築史講義

発行日：2020年11月25日 初版第1刷発行
　　　　2022年 2月28日　　第2刷発行

著者：中谷礼仁
発行者：丸山哲郎
発行所：株式会社インスクリプト
〒102-0074
東京都千代田区九段南2丁目2-8
tel:050-3044-8255　fax:042-657-8123
info@inscript.co.jp
http://www.inscript.co.jp/

企画・編集：北浦千尋
ブックデザイン：井川祥子
制作協力：(株)LIXIL
印刷：中央精版印刷株式会社

ISBN 978-4-900997-82-0
© 2020 Norihito Nakatani, Printed in Japan

第5回 産業革命と万国博覧会

1779 プリチャード《アイアン・ブリッジ》
1848 ターナー《バーム・ハウス》
1851 パクストン《クリスタル・パレス》
1855 ランボー《鉄筋網補強コンクリート製ボート》
1880 モニエ《鉄筋コンクリート造耐震家屋》試作
1886 ワイスら 鉄筋コンクリート構造計算法
1889 《エッフェル塔》
1893 《鳳凰殿》
1894 オルタ《タッセル邸》
1904 《松楓殿》
1908 グリーン兄弟《ギャンブルハウス》

●映像作品
2004 『スチームボーイ』

第10回 空白のメダイヨン

1891 コンドル《ニコライ堂》
1894 コンドル《三菱一号館》
1894 片山東熊《旧帝国奈良博物館》
1895 片山東熊《旧帝国京都博物館》
1896 コンドル《岩崎久弥邸》
1896 辰野金吾《日本銀行本館》
1904 妻木頼黄《横浜正金銀行本店》
1908 片山東熊《表慶館》
1909 片山東熊《東宮御所》
1911 妻木頼黄《日本橋》
1914 辰野金吾《東京駅》
1915 辰野金吾《旧帝国製麻株式会社》
1918 岡田信一郎《中之島公会堂》
1932 長野宇平治《大倉精神文化研究所》
1934 シュペーア《ニュルンベルクの演説台》
1936 《国会議事堂》

第6・7・8回 モダニズムの極...

●ミース・ファン・デル・ローエ
1921 《フリードリヒ街のオフィスビ...
1922 《鉄とガラスのスカイスクレ...
1924 《Brick Country House計...
1929 《バルセロナ・パヴィリオン...
1958 《シーグラム・ビル》

●アドルフ・ロース
1926 《トリスタン・ツァラ邸》
1930 《ミュラー邸》

●ル・コルビュジエ
1914 「ドミノ・システム」
1922 《300万人の現代都市》
1925 《ヴォアザン計画》
1930 《輝く都市》
1931 《サヴォア邸》
1932 《ソヴィエトパレスの設計...
1950- 「チャンディーガルの都市...
1952 《マルセイユのユニテ・ダ...
1955 《ロンシャンの礼拝堂》
1959 《国立西洋美術館》
1960 《ラ・トゥーレット修道院》

●未来派
1914 サンテリア《新都市》

●シド...

人名年表

58]≫第9回
第9回
清水喜助 [1815-1881]≫第9回
リチャード・ブリジェンス [1819-1891]≫第9回
勝海舟 [1823-1899]≫第9回
市川代治郎 [1825-1896]≫第9回
ヘルマン・エンデ [1829-1907]≫第10回
立石清重 [1829-1894]≫第9回
河鍋暁斎 [1831-1889]≫第10回
●ヴィルヘルム・ベックマン [1832-1902]≫第10回
地ホテル館》
伊藤博文 [1841-1909]≫第9回
木子清敬 [1845-1907]≫第9回
院》
E・W・クラーク [1849-1907]≫第9回
組(第一国立銀行)》
今泉雄作 [1850-1931]≫第10回
ジョサイア・コンドル [1852-1920]≫第9,10回
片山東熊 [1854-1917]≫第10回
辰野金吾 [1854-1919]≫第10回
浅井忠 [1856-1907]≫第10回
妻木頼黄 [1859-1916]≫第10回

渡辺仁 [1887-1973]≫第11回
山下寿郎 [1888-1983]≫第6回
村野藤吾 [1891-1984]≫第12回
石本喜久治 [1894-1963]≫第11回
山田守 [1894-1966]≫第11回
堀口捨己 [1895-1984]≫第11回
土浦亀城 [1897-1996]≫第11回
坂倉準三 [1901-1969]≫第8,11回
前川國男 [1905-1986]≫第8回
岡本太郎 [1911-1996]≫第11回
丹下健三 [1913-2005]≫第11,12回
川合健二 [1913-1996]≫第12回
吉阪隆正 [1917-1980]≫第8,12回
流政之 [1923-]≫第11回
大髙正人 [1923-2010]≫第11回
大谷幸夫 [1924-2013]≫第11回
篠原一男 [1925-2006]≫第11回
川添登 [1926-2015]≫第11回
菊竹清訓 [1928-20...]
槇文彦 [1928-]≫...
磯崎新 [193...
藤井博...
黒川...
鈴...

下田菊太郎 [1866-1931]≫第10回
黒田清輝 [1866-1924]≫第10回
長野宇平治 [1867-1937]≫第10回
渡邊福三 [1867-1920]≫第10回
佐野利器 [1880-1956]≫第10回
岡田信一郎 [1883-1932]≫第10回
エリック・サティ [1866-1925]≫第6回
フランク・ロイド・ライト [1867-1959]≫第4-7,11回
チャールズ・サマー・グリーン [1868-1957]≫第5回
ウラジミール・レーニン [1870-1924]≫第8回
アドルフ・ロース [1870-1933]≫第6,7回
ヘンリー・マザー・グリーン [1870-1954]≫第5回
カール・クラウス [1874-1936]≫第7回
アルノルト・シェーンベルク [1874-1951]≫第7回
フィリッポ・トマーゾ・マリネッティ [1876-1944]≫第6,8回
カジミール・マレーヴィチ [1878-1935]≫第6,7回
ヨシフ・スターリン [1878-1953]≫第7回
フランシス・ピカビア [1879-1953]≫第6回
パブロ・ピカソ [1881-1973]≫第7回
ジョルジュ・ブラック [1882-1963]≫第7回
ヴァルター・グロピウス [1883-1969]≫第7,11回
ウラジミール・タトリン [1885-1953]≫第8回
オスカー・ココシュカ [1886-1980]≫第7回
ミース・ファン・デル・ローエ [1886-1969]≫第6,7,11回
マルセル・デュシャン [1887-1968]≫第6,7回
ル・コルビュジエ [1887-1965]≫第6-8,11,12回
アントニオ・サンテリア [1888-1916]≫第6回
ヘリット・リートフェルト [1888-1964]≫第6回
アドルフ・ヒトラー [1889-1945]≫第6,10回
ルートヴィヒ・ウィトゲンシュタイン [1889-1951]≫第7回
マン・レイ [1890-1976]≫第6回
コンスタンチン・メーリニコフ [1890-1974]≫第8回
エル・リシツキー [1890-1941]≫第8回
ヴァルター・ベンヤミン [1892-1940]≫第6回
バックミンスター・フラー [1895-1983]≫第8,12回
トリスタン・ツァラ [1896-1963]≫第7回
ニコライ・スーチン [1897-1954]≫第7回
アルヴァ・アアルト [1898-1976]≫第6回
ルネ・クレール [1898-1981]≫第6回
イワン・レオニドフ [1902-1959]≫第8回
ジョン・サマーソン [1904-1992]≫第9回
アルベルト・シュペーア [1905-1981]≫第6,10回
バーナード・ルドフスキー [1905-1988]≫第12回
レイチェル・カーソン [1907-1964]≫第12回
E・H・ゴンブリッチ [1909-2001]≫第3回
ミノル・ヤマサキ [1912-1986]≫第12回
ジェフリー・バワ [1919-2003]≫第11回
ソール・バス [1920-1996]≫第6回
ヤニス・クセナキス [1922-2001]≫...
バルクリシュナ・ドーシ...
イマニュエル...

ヴィクトル・ユゴー [1803-1882]≫第8回
ー [1803-1879]≫第7回
ー・フラー [1810-1850]≫第8回
エティエンヌ=ジュール・マレー [1830-1904]≫第7回
ルイーザ・メイ・オルコット [1832-1888]≫第8回
ポール・セザンヌ [1839-1906]≫第7回

]≫第3,4,12回
]≫第5回
3,8回
3,5,8回
740-1812]≫第5回
834]≫第3,6回
第4,12回
1781-1841]≫第3,7回
83-1881]≫第5回
1803-1865]≫第5回
ヌ・エマニュエル・ヴィオレ=ル=デュク [1814-1879]≫第5回
フェルイ・ランボー [1814-1887]≫第5回
ジョゼフ・モニエ [1823-1906]≫第5回
ギュスターヴ・エッフェル [1832-1923]≫第5,8回
ステファン・ソーヴェストル [1847-1919]≫第5回
G・A・ワイス [1851-1917]≫第5回
モーリス・ケクラン [1856-1946]≫第5回
ヴィクトール・オルタ [1861-1947]≫第5回
ハインリッヒ・ヴェルフリン [1864-1945]≫第2回

年表（下段）

1840 オランダ 日本に開国を勧告
1840～42 アヘン戦争
1851 ロンドン万国博覧会
1855 パリ万国博覧会
1855 黒船来航
1863～72 ヴィオレ=ル=デュク『建築講話』
1867 パリ万国博覧会
1867 幕府 パリ万国博覧会出展
1868 王政復古の大号令
1870 工部省設置
1877 工部大学校設立
1881 工部大学校造家学会設立
1889 木子清敬 工部大学校で「日本建築」開講
1889 ヴェルフリン『ルネサンスとバロック』
1894 ワイスら 鉄筋コンクリート構造計算法
1893 シカゴ万国博覧会
1894～95 日清戦争
1904 セントルイス万国博覧会
1909 マリネッティ「未来派宣言」
1908 ロース、装飾と犯罪
1904～05 日露戦争
1911 佐野利器 建築家の覚悟
1915 マレーヴィチ『シュプレマティズム』
1917 ロシア革命
第一次世界大戦
1922 ソ連成立
1923 関東大震災
CIAM初開催
1920～25 ル・コルビュジエ『レスプリ・ヌーヴォー』
1929 バルセロナ万国博覧会
1930～32 フラー「SHELTER」

1820　1840　1860　1880　1900　1910　1920　1930

実況・近代建築史講義年表

●溝口林卿 [?-?] >> 第9回
●佐竹義敦 [1748-1785] >> 第9回
●マシュー・ペリー [1799-18...]
●平内廷臣 [1799-1856]
●二代...

第9回 白いくりがた

1868 清水喜助/ブリジェンス《築...
1869 《新潟運上所》
1872 クラーク《自邸》
1872 《静岡県会議事堂》《静岡病...
1872 清水喜助《為替バンク三井...
1875 市川代治郎《中込学校》
1876 立石清重《松本開智学校》
1878 《済生館》

18世紀啓蒙時代の建築書

1721 エルラッハ『歴史的建築の構想』
1727 広丹晨父『匠家極秘伝集』
1753 ロージエ『建築試論』
1758 溝口林卿『紙上麗気』
1800 デュラン『あらゆる種類の建築の比較対照』
1804 ルドゥー『芸術・習俗・法制との関係から考察された建築』
1848 平内廷臣『矩術新書』

●ウィトルウィウス [BC.80頃-BC.15以降] >> 第1回

●ラルフ・ワルド・エマー...
●ゴットフリート・ゼン...
●マーガレッ...

●フィリッポ・ブルネレスキ [1377-1446] >> 第1,2回
●フラ・アンジェリコ [1390頃-1455] >> 第1回
●ドナト・ブラマンテ [1444頃-1514] >> 第1,2回
●ニコラウス・コペルニクス [1473-1543] >> 第2回
●ミケランジェロ・ブオナローティ [1475-1564] >> 第1,2回
●ラファエロ・サンティ [1483-1520] >> 第2回
●ジュリオ・ロマーノ [1499-1546] >> 第2,10回
●アンドレア・パッラーディオ [1508-1580] >> 第1回
●ジョルジョ・ヴァザーリ [1511-1574] >> 第9回
●ドメニコ・フォンターナ [1543-1607] >> 第2回
●ティコ・ブラーエ [1546-1601] >> 第2回
●ヨハネス・ケプラー [1571-1630] >> 第2回
●ジャン・ロレンツォ・ベルニーニ [1598-1680] >> 第2回
●フランチェスコ・ボッロミーニ [1599-1667] >> 第2回
●クロード・ロラン [1600頃-1682] >> 第4回
●フィッシャー・フォン・エルラッハ [1656-1723] >> 第3回
●トマス・ニューコメン [1664-1729] >> 第5回
●マルク=アントワーヌ・ロージエ [1713-1769] >> 第3,6...
●ドゥニ・ディドロ [1713-1784] >> 第3回
●ジャン・ル・ロン・ダランベール [1717-1783] >> 第3回
●ジョヴァンニ・バッティスタ・ピラネージ [1720-17...
●トマス・ファーノルズ・プリチャード [1723頃-1777...
●エティエンヌ・ルイ・ブーレー [1728-1799] >> 第...
●ロバート・アダム [1728-1792] >> 第4回
●エドマンド・バーク [1729-1797] >> 第4,8回
●ジェームズ・ワット [1736-1819] >> 第5回
●クロード・ニコラ・ルドゥー [1736-1806] >> 第...
●フィリップ・ジェイムズ・ド・ラウザーバーグ [1...
●ジョン・ソーン [1753-1837] >> 第4,12回
●ジャン=ニコラ・ルイ・デュラン [1760-...
●J・M・ガンディー [1771-1843] >> 第...
●カール・フリードリッヒ・シンケル...
●リチャード・ターナー [179...
●ジョセフ・バクストン...
●ウジェ...
●ジョセ...

第1・2回 ルネサンスとバロック

1419 ブルネレスキ《捨子保育院》起工
1420-36 ブルネレスキ《サンタ・マリア・デル・フィオーレ大聖堂》
1425 ブルネレスキ《サン・ロレンツォ聖堂》起工
1437-46頃 アンジェリコ《受胎告知》
1482-86頃 ブラマンテ《サンタ・マリア・プレッソ・サン・サティーロ聖堂》
1506-1626 《サン・ピエトロ大聖堂》
1521-34 ミケランジェロ《メディチ家礼拝堂》
1523-52 ミケランジェロ《ラウレンツィアーナ図書館》
1535 ロマーノ《パラッツォ・デル・テ》
1536-46 ミケランジェロ《カンピドリオ広場》
1541-1605 ミケランジェロ《パラッツォ・セナトリオ》
1550頃 《サンタンドレア・イン・ヴィア・フラミーナ教会堂》
1580-85 パッラーディオ《テアトロ・オリンピコ》
16世紀後半 フォンターナ「ローマの都市計画」
1638-41 ボッロミーニ《サン・カルロ・アッレ・クアトロ・フォンターネ教会》
1663-66 ベルニーニ《スカラ・レジア》
1667-74 ベロー《ルーヴル宮》
1682 《ヴェルサイユ宮殿》
1730-47 アレヴァロ/ヴァスケス《グラナダのカルトハの聖器室》

第3・4回 新古典主義と折衷主義

17世紀- 《ストウ庭園》
18世紀- 《ストウヘッド》
1750 ピラネージ《牢獄》初版
1762 ピラネージ《カンプス・マルティウス》
1779 ルドゥー《ショーの王立製塩工場》
1784 ブーレー《アイザック・ニュートンの記念堂》
1786頃 ブーレー《円錐状の死者の記念堂》
1792-1824 ソーン《自邸》
1818 ソーン《イングランド銀行》
1830 シンケル《旧博物館》
1834 シンケル《アクロポリスの王宮計画》
1838 シンケル《クリミアのオリアンダ宮殿計画》
1856-79 《ヴォティーフ聖堂》
1983 磯崎新《つくばセンタービル》
2008 三分一博志《大島精錬所美術館》

■映像作品

1961 『去年マリエンバートで』
1968 『2001年宇宙の旅』
1982 『ブレードランナー』

1415 ウィトルウィウス『建築書』発見
1486 ウィトルウィウス『建築書』ローマで刊行
1527 ローマ略奪
1609 『新天文学』ケプラーの第1・2法則
1619 『宇宙の調和』ケプラーの第3法則
1712 ニューコメン「蒸気機関」
1751～72 ディドロ/ダランベール『百科全書』
1757 バーク『崇高と美の起原』
1764 ワット「蒸気機関」
1776 ワット「蒸気機関」
1789 フランス革命
1811～17頃 ラッダイト運動

1300　1400　1500　1600　1700　1800

第11回 平和の発明

1925 山田守《東京中央電信局》
1927 石本喜久治《旧東京朝日新聞社社屋》
1933 堀口捨己《岡田邸》
1934 川元良一《九段会館》
1935 土浦亀城《自邸》
1937 渡辺仁《東京国立博物館本館》
1937 坂倉準三《パリ万国博覧会日本館》
1938 堀口捨己《大島測侯所》
1958 菊竹清訓《塔状都市》
1972 黒川紀章《中銀カプセルタワー》

●丹下健三
1938 卒業設計《CHATEAU D'ART 芸術の館》
1953 《自邸》
1954 《広島平和記念公園》
1955 《広島平和記念資料館》
1957 《旧東京都庁舎》
1958 《香川県庁舎》
1960 《東京計画1960》
1964 《国立代々木競技場》《香川県立体育館》《東京カテドラル聖マリア大聖堂》《築地再開発計画》
1966 《山梨文化会館》
1967 《電通本社ビル》《静岡新聞・静岡放送東京支社》
1970 《日本万国博覧会・会場マスタープラン》《お祭り広場》

第12回 クリティカル・グリーニズム

1963 村野藤吾《日生劇場》
1965 吉阪隆正《大学セミナー・ハウス》
1966 川合健二《自邸》
1970 鈴木恂《KIH7004》
1970 坂本一成《水無瀬の町家》
1972 毛綱モン太(毅曠)《反住器》
1973 藤井博巳《宮島邸》
1975 象設計集団《今帰仁村中央公民館》
1975 石山修武《幻庵》
1975-86 石山修武《開拓者の家》
1976 安藤忠雄《住吉の長屋》
1976 伊東豊雄《中野本町の家》
1977 山本理顕《山川山荘》
1980 象設計集団《進修館》
1981 象設計集団《名護市庁舎》
1982 象設計集団《宮代町立笠原小学校》
1984 伊東豊雄《シルバーハット》
1991 藤森照信《神長官守矢史料館》
1997 藤森照信《ニラハウス》
2000 伊東豊雄《せんだいメディアテーク》
2004 鈴木了二《物質試行47 金刀比羅宮プロジェクト》
2004 藤森照信《高過庵》
2005 西沢立衛《森山邸》
2006 西沢立衛《HOUSE A》
2006 藤森照信《茶室 徹》
2007 藤森照信《東京計画2107》
2008 三分一博志《大島精錬所美術館》
2016 伊東豊雄《台中国家歌劇院》

●映像作品
1997『もののけ姫』

●ロシア構成主義
1914 タトリン「カウンター・レリーフ」
1915 マレーヴィチ《赤と黒の正方形》
1918 マレーヴィチ《白の上の白》
1919 タトリン《第三インターナショナル記念塔》
1920 リシツキー《レーニン演説台》
1922-24 スーティン《Untitled》
1925 リシツキー《雲の階梯》
1927 レオニドフ《レーニン研究所設計案》
1928 メーリニコフ《ルサコフ労働者クラブ》
1929 メーリニコフ《自邸》《コロンブス記念塔案》
1934 メーリニコフ《重工業省設計競技案》
1957-58 レオニドフ《太陽の都計画》

●バックミンスター・フラー
1928項《4Dタワー》
1929《ダイマキシオン・ハウス》
1933《ダイマキシオン・カー》
1945《ウィチタ・ハウス》
1947《ジオデシック・ドーム》

●映像作品
1924『幕間』
1940『To New Horizons』
1959『北北西に進路を取れ』
1972『スローターハウス5』
1999『マトリックス』

●その他
1200項《ル・トロネ修道院》
1882 マレー「分解写真」
1906 ライト《ロビー邸》
1912 デュシャン《階段を降りる裸体No.2》
1957 吉阪隆正《ヴィラ・クゥクゥ》
1958 前川國男《晴海高層アパート》
1968 山下寿郎《霞が関ビルディング》

1956 水俣病発生
1957 スプートニク1号打ち上げ
1960〜 川添・菊竹ら《メタボリズム》
1960〜 世界デザイン会議
1962 カーソン《沈黙の春》
1962 宇宙船地球号操縦マニュアル
1964 ルドフスキー《建築家なしの建築》
1964 サマーソン《古典主義建築の系譜》
1968 ブランド『ホール・アース・カタログ』創刊
1968 東京オリンピック
1969 日本万国博覧会
1970 パリ五月革命
1971 ニクソン・ショック
1973 水俣裁判で原告が勝訴
1973 オイル・ショック
1974 アポロ「ソーラーシステム計画」
1974 ウォーラーステイン『近代世界システム』
1977 ジェンクス『ポスト・モダニズムの建築言語』
1979 ゴンブリッチ『センス・オブ・オーダー』
1983 アンダーソン『想像の共同体』
1991 ソ連崩壊
2011 東日本大震災